Horst Kohl (Hrsg.)

**Der Stralsunder Bürgermeister
Bartholomäus Sastrow**
Ein deutscher Bürger des 16. Jahrhunderts

Autobiographie

Kohl, Horst (Hrsg.): Der Stralsunder Bürgermeister
Bartholomäus Sastrow. Ein deutscher Bürger des
16. Jahrhunderts. Autobiographie
Hamburg, SEVERUS Verlag 2012
Nachdruck der Originalausgabe von 1912

ISBN: 978-3-86347-275-7
Druck: SEVERUS Verlag, Hamburg, 2012
Umschlagbild: Chronik von Bartholomäus Sastrow im
Kulturhistorischen Museum in Stralsund
©Klugschnacker

Der SEVERUS Verlag ist ein Imprint der Diplomica
Verlag GmbH.

**Bibliografische Information der Deutschen
Nationalbibliothek:**
Die Deutsche Nationalbibliothek verzeichnet diese
Publikation in der Deutschen Nationalbibliografie;
detaillierte bibliografische Daten sind im Internet über
http://dnb.d-nb.de abrufbar.

© **SEVERUS Verlag**
http://www.severus-verlag.de, Hamburg 2012
Printed in Germany
Alle Rechte vorbehalten.

Der SEVERUS Verlag übernimmt keine juristische
Verantwortung oder irgendeine Haftung für evtl.
fehlerhafte Angaben und deren Folgen.

SEVERUS

Ein deutscher Bürger des sechzehnten Jahrhunderts

Selbstschilderung des
Stralsunder Bürgermeisters
Bartholomäus Sastrow

Herausgegeben von
Horst Kohl

Vorwort.

In eine reichbewegte Zeit deutscher Vergangenheit führen uns die Aufzeichnungen ein, die Bartholomäus Sastrow, der Bürgermeister von Stralsund, als 75 jähriger Greis im Jahre 1595 niederschrieb, seinen Kindern und Kindeskindern zur Erinnerung und ohne die Absicht, als Geschichtsschreiber seiner Zeit sich zu betätigen. Mit ursprünglicher Frische schildert er die Erlebnisse seiner Kindheit im elterlichen Hause und der Heimatstadt — Trauriges und Fröhliches in buntem Gemisch —, Hunger und Kummer seiner Jünglingsjahre auf Schule und Universität, und wie er dann sich mühselig den Lebensunterhalt erkämpfen mußte durch den Fleiß und die Gewandtheit seiner Feder in den Kanzleien der Prokuratoren und Sollizitatoren am Reichskammergericht zu Speier, des Markgrafen Ernst von Baden zu Pforzheim und auf dem Reichstage zu Worms, bis er am Hofe des Komturs des Johanniterordens ein Unterkommen fand, das ihn für alle erlittene Not reichlich entschädigte. Der Tod des Bruders im fernen Italien macht dem Schlaraffenleben ein Ende und zwingt ihn, sich auf sich selbst zu besinnen und den Lockungen fröhlichen Lebensgenusses zu entsagen, die sein besseres Selbst zu ertöten drohen. Mit ihm zieht der Leser über die rauhen, noch wenig wegsamen Alpen nach dem lombardischen Tiefland, das wie ein wohlgepflegter großer Garten zwischen Alpen und Po sich ausbreitet und den Fleiß der Bewohner mit einem Reichtum ohne gleichen lohnt; mit ihm gelangt er über Venedig und Ancona in das ewige Rom mit den Denkmälern einer großen Vergangenheit und dem sinnbetörenden Mummenschanz einer durch Aberglauben und äußerliche Wertheiligkeit entarteten Kirche; ihn begleitet er auf der beschwerlichen und für den Bekenner der lutherischen Reformation nicht ungefährlichen Heimfahrt mitten

durch die Truppen des Papstes, die dem Kaiser behilflich
sein sollen, die deutschen Ketzer wieder unter die Gewalt
der alten Kirche und ihres Glaubenszwanges zu bringen.
Im Dienste des Herzogs Philipp von Pommern nimmt
Sastrow darauf teil an der Reise der pommerschen Räte nach
Böhmen und ins Lager des Kaisers vor Wittenberg, wohnt
in Halle der Unterwerfung des Landgrafen Philipp von
Hessen bei und folgt dann, in Vertretung der Interessen
seines Herrn, Karl V. auf den geharnischten Reichstag nach
Augsburg, wo der siegreiche Kaiser der weiteren Verbreitung
des „Evangeliums" durch die harten Bestimmungen des
Interims zu wehren suchte. In lebensvollen Bildern stellt
er Personen und Dinge vor unsere Augen, hier das wilde
Treiben spanischer Hakenschützen und deutscher Landsknechte
im Heerlager und auf der Fahrt durch deutsches Land,
dort das nicht immer gesittete Leben deutscher Fürsten,
neben denen die ernste Gestalt Kaiser Karls V. um so
größer sich erhebt. Im Gefolge des Kaisers zieht Sastrow
nach Schluß des Augsburger Tages über Ulm, Speier und
Köln nach den Niederlanden, besucht bei dieser Gelegenheit
auch Aachen mit seinen Erinnerungen an Karl den Großen
und seinen Bädern und erhält, von Brüssel durch Westfalen
nach Wolgast heimgekehrt, den Auftrag, seine pommerschen
Landesherren als Sollizitator (Geschäftsträger) beim Kaiser=
lichen Kammergericht in Speier zu vertreten. So kehrt er
nach Speier zurück, wo er als Anfänger im Schreiberberuf
einst viel unter den Launen eines bösen Weibes zu leiden
gehabt hatte, und findet Zeit, neben den Interessen seiner
Landesherren auch die anderer Fürsten und Parteien zu
fördern. Der Briefwechsel mit dem berühmtesten Kosmo=
graphen der Zeit, Sebastian Münster, dem er Nachrichten
über seine pommersche Heimat im Auftrag seiner Fürsten
zu bringen angewiesen war, weckte in ihm die Lust, den
gefeierten Gelehrten in Basel aufzusuchen, der dem wissens=
durstigen Manne aus dem deutschen Norden bereitwillig
aus dem Reichtum seines Wissens spendete und seine
Karten und Bilder, seine mathematischen und astrologischen
Instrumente zeigte und erklärte. Aufs neue nach den
Niederlanden berufen, um die dem ersten Berater des
Kaisers, Granvella, zugedachten Geschenke zu überbringen,

sieht er bewundernd den Reichtum der niederländischen Städte Gent, Antwerpen, Mecheln und Löwen an Gebäuden und Kunstwerken und kehrt dann auf dem Rheine nach Speier zurück, wo sich ihm die Gelegenheit bietet, dem Empfange des spanischen Thronerben Philipp beizuwohnen, aber auch die Freuden des rheinischen Fastnachtstreibens auszukosten. Doch bald mußte er erfahren, daß übelwollende Räte in der herzoglichen Kanzlei die eignen Versäumnisse ihm zur Last legten und über seinen Unfleiß klagten, während sie selbst die Kanzleiarbeiten, die zur Betreibung der beim Kammergericht anhängigen Sachen nötig waren, trotz Sastrows Drängen nicht lieferten. Kurz entschlossen nahm Sastrow seinen Abschied, um fortan als Rechtsanwalt auf eigne Rechnung tätig zu sein, obwohl der Kanzler Jakob Zitzewitz, der seinen Eifer und seine Kenntnisse zu schätzen wußte, ihn der herzoglichen Kanzlei zu erhalten suchte. Ohne Vermögen und nur auf die bescheidenen Ersparnisse seiner bisherigen Tätigkeit gestützt, wagte der im 31. Lebensjahre stehende Mann mit der Schwester seines Schwagers einen eignen Hausstand zu gründen, und wenn auch anfangs Junker Schmalhans Küchenmeister war, so wußten doch Fleiß und Tüchtigkeit unter der Zucht eines festen Willens in wenigen Jahren aus wenig viel zu machen und aus dem armen Schlucker einen wohlhabenden und bei seinen Mitbürgern hochgeachteten Mann.

Das vorliegende Quellenbuch bietet aus dem dreibändigen Werke nach der Ausgabe Mohnikes (Herkommen, Geburt und Lauf seines ganzen Lebens, Greifswald 1823/24) einen Auszug des auch für unsere Zeit noch Interessanten und Wissenswerten. Die Bedeutung dieser Lebensbeschreibung als eines Quellenwerkes von gediegenem zeit- und kulturgeschichtlichen Inhalt ist seit längerer Zeit bekannt. Gustav Freytag hat in seinen Bildern aus deutscher Vergangenheit an zwei Stellen Schilderungen aus Sastrows Feder als quellenmäßige Belege seiner Darstellung einverleibt. Einen kürzeren Auszug in der Sprache und Schreibung des Originals gab Chr. Meyer in den „Ausgewählten Selbstbiographien aus dem XV. bis XVIII. Jahrhundert" (J. J. Weber, Leipzig, 1897), einen größeren Dr. Max Goos im ersten Bande der von E. Schultze herausgegebenen „Bibliothek wertvoller Memoiren" (Hamburg, Gutenberg-Verlag, 1907). Ich bin bei der Auswahl meinen eignen Weg gegangen und hoffe, damit auch der Sache gedient zu haben. In der Sprache habe ich mich bemüht, dem Original so weit als möglich gerecht zu werden, wenn auch mitunter die schwerfälligen Perioden in mehrere Sätze zerlegt oder von Grund aus umgearbeitet werden mußten, um dem Sprachempfinden unserer Tage zu entsprechen. Die Mühe war nicht klein; möchte freundliche Aufnahme im Kreise deutscher Leser ihr Lohn sein.

Leipzig, 12. Oktober 1912.

Horst Kohl.

Inhalt.

	Seite
Vorwort	3
Erstes Kapitel: Nachrichten über Herkommen und Schicksale von Sastrows Großvater, Eltern und Geschwistern	11
Zweites Kapitel: Der Aufruhr Roloff Mollers	19
Drittes Kapitel: Die Einführung der Reformation in Stralsund	22
Viertes Kapitel: Ein Mord aus Notwehr	27
Fünftes Kapitel: Aus der Kinder- und Schulzeit	29
Sechstes Kapitel: Wie der Vater sein Vermögen verlor. — Umbau des Hauses	36
Siebentes Kapitel: Von Jürgen Wullenwebers aufrührerischem Regiment und dem großen Aufruhr in Stralsund	39
Achtes Kapitel: Ein Brief Martin Luthers an Sastrows Vater. — Ein räuberischer Überfall	51
Neuntes Kapitel: Sastrow auf der Schule zu Rostock	55
Zehntes Kapitel: Reise zum Kaiserlichen Kammergericht und Aufenthalt in Speier	58
Elftes Kapitel: Von Kaiser Karl V. und anderen Fürsten. — Vom Reichstag zu Speier	67
a) Was Kaiser Karl V. auf dem Zuge nach Jülich erlebte	67
b) Wie Kaiser Karl Marten von Rosse begnadigte	69
c) Wie der Kurfürst von Sachsen in einem Wirtshaus predigen ließ	70
d) Flagellanten in Speier. — Die Zeremonie der Fußwaschung	70
e) Von der Teuerung auf dem Reichstage	71
f) König Ferdinand gibt dem Landgrafen von Hessen das Geleit	71
Zwölftes Kapitel: Sastrow in der Kanzlei zu Pforzheim	72
a) Wie Sastrow von Engelhart um seinen Lohn gebracht ward	72
b) Von der Reise nach Pforzheim; Pforzheims Lage	73
c) Ein Schreiberstreich	74
d) Vom Markgrafen Ernst	75
e) Bartholomäus Sastrow in großer Gefahr	76
f) Sastrow verläßt Pforzheim	77

Seite
Dreizehntes Kapitel: Sastrow in Worms und als Schreiber beim Komtur des Johanniterordens 78
   a) Dom Wormser Reichstag. 78
   b) In welcher Armut Sastrow zu Worms leben mußte 78
   c) Wie Sastrow beim Rezeptor des Johanniterordens unterkam 80

Vierzehntes Kapitel: Reise nach Italien 85
   a) Von Mainz bis Trient 85
   b) Durch die Lombardei bis nach Ancona 87
   c) Von Ancona bis Rom 89

Fünfzehntes Kapitel: Aufenthalt und Erlebnisse in Rom . . . 90
   a) Wie Sastrow seines Bruders Erbschaft erhob . . . 90
   b) Die sieben Hauptkirchen von Rom 94
   c) Das Hospital zum heiligen Geist 96
   d) Die Prozession am Fronleichnamstag und die Messe am Himmelfahrtstag in St. Peter 99
   e) Päpstliche Werbungen zum Kampf gegen die Ketzer 101
   f) Ein großer Silberdiebstahl in Rom 102

Sechzehntes Kapitel: Rückreise und Rückkehr nach Stralsund . . 105

Siebzehntes Kapitel: Im Dienste des Herzogs Philipp von Pommern 115
   a) Eintritt in die Wolgaster Kanzlei. — Der Kanzler Jakob Zitzewitz 115
   b) Reise nach Böhmen als Sekretär der pommerschen Räte. — Im Lager vor Wittenberg 116
   c) Aufs neue im Feldlager vor Wittenberg 121
   d) Dom großen Alarm vor Halle 124
   e) Die Unterwerfung des Landgrafen von Hessen . . 128

Achtzehntes Kapitel: Reise im Gefolge des Kaisers Karl bis nach Augsburg 128
   a) Reise bis Nürnberg 128
   b) Geschichten vom Herzog Friedrich von Liegnitz . . . 131

Neunzehntes Kapitel: Auf dem „geharnischten" Reichstage zu Augsburg 135
   a) Dom gefangenen Kurfürsten und gefangenen Landgrafen 135
   b) Der Aufruhr der Landsknechte 137
   c) Verhandlungen mit den Kaiserlichen Räten 139
   d) Das Leben auf dem Augsburger Reichstage 142
   e) Die Geschichte von Sebastian Dogelsberger 149
   f) Das Augsburger Interim 154

	Seite
Zwanzigstes Kapitel: Abreise von Augsburg und Heimreise	158
Einundzwanzigstes Kapitel: Als Sollizitator beim Kaiserlichen Kammergericht zu Speier. — Reise nach den Niederlanden	160
a) Reise nach Speier und Basel	160
b) Reise nach den Niederlanden	164
c) König Philipp	167
d) Rheinisches Fastnachtsleben	168
Zweiundzwanzigstes Kapitel: Sastrow legt sein Amt als Sollizitator nieder und begründet seinen Hausstand	171
Schlußbemerkung	176

Erstes Kapitel.

Nachrichten über Herkommen und Schicksale von Sastrows Großvater, Eltern und Geschwistern[1]).

Um das Jahr 1488 wurde mein Vater zu Rantzin im Kruge am Kirchhofe an der Straße nach Anklam zu als Hintersasse der Owstin zu Quilow als Sohn des Hans Sastrow geboren. Dieser Hans Sastrow übertraf an Vermögen, Gestalt, Stärke und Verstand gar weit die Hornen, die zu Rantzin wohnten, weswegen er denn auch vor seinem Ehestande auf ihrem Hofe nicht ungern gesehen wurde; als es dann die Hornen übel verdroß, befleißigten sie sich, ihm Schimpf, Spott, Schaden, Nachteil, auch an Gesundheit und Leben, zuzufügen, und da sie solches für ihre Person nicht verrichten konnten noch durften, stifteten sie ihren Vogt — denn obwohl vier vom Geschlecht der Hornen in Rantzin saßen, so waren doch ihre Hufen und ihr Einkommen und Vermögen davon so gering, daß sie alle vier sich mit einem Pflugvogt behelfen konnten — dazu an, in den Krug zu gehen, Zank und Streit mit dem Wirte anzufangen und ihn mit Schlägen bis auf den Tod zu prügeln. Aber was geschieht? Da der Wirt wußte, daß die Hornen ihm nachstellten, und gar bald merkte, was der Vogt im Sinne trug, kam er ihm zuvor und fertigte ihn so ab, daß er kaum auf allen Vieren aus dem Kruge kriechen konnte.

Wie er nun wahrnahm, daß der Hornen Feindseligkeit nicht aufhörte, sondern täglich zunahm, vertrug er sich endlich, um sich und die Seinen aus der Gefahr zu bringen, ungefähr um das Jahr 1487 mit seinem Junker, dem alten Hans Owstin zu Quilow, wegen Ablösung der Bauerspflicht mit gutem Willen und gewann darauf zu Greifswald das Bürgerrecht, kaufte daselbst in der Fleischhauer Straße das

---

[1]) Teil I, Buch 1, Kap. 1—3.

Eckhaus gegenüber Herrn Brandt Hartmann und führte danach allmählich seine Habe von Rantzin nach Greifswald in sein gekauftes Haus; also schied er ein Jahr vor meines Vaters Geburt aus dem Dienste der Owstin und wurde bürgerlichen Standes.

Erschreckliche, greuliche, mörderische an meinem Großvater und Vater begangene Tat.

Was geschieht? Im Jahre 1494 war Kindelbier (Kindtaufe) zu Gribow, wo auch ein Horne seinen Sitz hat (es liegt nicht weit von Rantzin, rechter Hand, wenn man von Greifswald nach Rantzin fährt); zu dem war mein Großvater Hans Sastrow als nächster Verwandter geladen, hatte seinen Sohn, meinen Vater, der damals ein Knabe von ungefähr sieben Jahren war, bei der Hand genommen und war, da es nur ein kurzer Kirchweg ist, dahin gegangen.

Die Rantzinschen Hornen wollten zum Valet und Abzug diese Gelegenheit nicht versäumen, sondern, was sie seit vielen Jahren im Herzen geplant, jetzt ins Werk setzen; sie ritten auch gen Gribow, als wollten sie daselbst ihren Vetter besuchen, und gingen miteinander — denn sie waren so herablassend, daß sie der Bauern Kost und Gesellschaft nicht verschmähten —, zum Kindelbier, um die bequemste Gelegenheit zur Ausführung ihrer Tat selbst zu ersehen; dort setzten sie sich mit an den Tisch, an dem mein Großvater saß.

Als sie nun ordentlich getrunken hatten, standen die Hornen gegen Abend sämtlich auf und gingen in den Stall, in der Meinung, dort allein zu sein. Es stand aber einer von meines Großvaters Verwandten auch im Stall in einem Winkel und hörte, wie sie beschlossen, sie wollten, wenn sie merkten, daß mein Vater aufbreche, eilig ihre Pferde besteigen, um ihm unterwegs zu begegnen und alsdann ihn und sein Söhnlein totzuschlagen.

Der Verwandte kam zu meinem Großvater und sagte ihm, was er im Stalle gehört hatte; er riet ihm, bei Tage sich auf den Weg zu machen und heimzugehen. Dem Rate folgte auch mein Großvater; er stand auf, nahm seinen Sohn bei der Hand und ging auf Rantzin zu. Als er aber auf halbem Weg zwischen Rantzin und Gribow in das Holz im Moore kam, das mit Büschen und Sträuchern bewachsen war, verlegten ihm die mörderischen Bösewichter den Weg, traten ihn mit den Pferden zu Boden und hieben ihm den Leib voll Wunden, daß sie nicht anders meinten, als er wäre tot; damit noch nicht zufrieden, schleppten sie ihn an einen großen Stein, der noch vorn am Moore liegt, und auf dem Steine hieben sie ihm die rechte Hand ab und ließen ihn also für tot liegen. Der Junge, mein Vater, aber war mittlerweile ins Moor gekrochen und hatte sich in den Sträuchern auf einer Moorwiese versteckt, so daß sie mit den Pferden nicht zu ihm kommen, auch, da es finster zu werden anfing, ihn in den Büschen nicht finden konnten.

Die anderen Bauern ritten nach, um zu sehen, wie sie es gemacht hatten; sie fanden den Verwundeten so zugerichtet und holten den Jungen aus dem Moor; einer von ihnen rannte nach Rantzin und holte einen Wagen mit Pferden; dann legten sie den Verwundeten darauf, an dem kein Leben mehr zu spüren war; als sie mit ihm nach Rantzin kamen, jappte er noch einmal auf und verschied.

Des unmündigen Jungen, meines Vaters, nächste Freunde, sonderlich die, welche in der Stadt Greifswald wohnten, machten alles zu Gelde, verkauften das Haus wiederum und lösten so aus allem an die 2000 Gulden (wenige Edelleute lassen zu jetziger Zeit ihre Untertanen zu solchem Vermögen kommen); sie hielten den Knaben aufs beste, ließen ihn Lesen, Schreiben und Rechnen lehren und schickten ihn dann nach Antorff (Antwerpen) und Amsterdam, die Kaufmannschaft zu erlernen. Als er alt genug geworden war, um ein Haus und das Seine unter die Hand zu bekommen, kaufte er die Stelle in der Langen Straße, gerade gegenüber der St. Nikolauskirche und an der Hundstraße, die zwei Häuser und zwei Böden (Niederlagen) in der Hundstraße umfaßte; das eine richtete er sich zum Wohnhaus ein, das andere baute er zum Brauhaus und den Boden zum Torweg, der noch vorhanden ist, mit großer Arbeit und großen Unkosten aus. Da nun seine Person den Leuten gefiel und sie sahen, daß er zur Nahrung sich wohl anließ (d. h. in der Lage war, eine Frau zu ernähren), versprachen ihm meiner Mutter Vormund und nächste Verwandte diese zur Ehe.

Meine Mutter war des Bartholomäus Schmiterlow, herrn Nikolaus Schmiterlow, Bürgermeisters allhier, Bruders-Tochter, ein junges, gar schönes Mensch (Mädchen), klein, zart von Gliedern, freundlich, kurzweilig, ohne Hoffart, reinlich, häuslich und bis an ihr letztes Stündlein gottesfürchtig und andächtig; sie hatte zwei Brüder, die starben jung ihrem Vater, meinem Großvater, nach; darauf heiratete meine Großmutter ihren zweiten Mann, Karsten Schwartz; von dem Schwartz hat sie Andreas, Karsten, Peter und Matthias samt einer Tochter Barbara, die mich aus der Taufe gehoben hat, geboren.

Im Jahre 1514, am Sonntag nach St. Catharina (das ist 26. November), hielten, laut meines Vaters Buch, meine Eltern Hochzeit; damals war mein Vater, wie ich manchmal von ihm gehört habe, noch nicht 25 Jahr alt.

Im Jahre 1515, am Freitag in der Quatember vor Weihnachten (das ist 21. Dezember), früh zwischen 6 und 7 Uhr, gab ihnen der liebe Gott einen Sohn, den sie nach meinem Großvater Johannes nennen ließen. . . . Er ist im Jahre 1545, 30 Jahre alt, in Italien zu Aquapendente gestorben. . . .

Im Jahre 1517, in der Vigilie von Mariä Geburt (das ist 7. September), wurde meine Schwester Anna, herrn Peter Frubosens, Bürgermeisters zu Greifswald, nachgelassene Witwe, geboren und im Jahre 1594, am 16. August, ist sie 77 Jahre alt gestorben; sie hat vier Söhne, Dr. Peter, Matthäus, Nikolaus und Daniel, auch mehrere Töchter als Kinder hinterlassen.

Im Jahre 1520, Dienstag, 21. August, früh 6 Uhr, ward ich zur Welt geboren und nach meinem mütterlichen Großvater Bartholomäus genannt. Jahr und Tag meines Abgangs mit Tode — der nunmehr, dieweil ich 75 Jahre gottlob erreicht habe, nahe ist und von mir von Herzen ersehnt wird — will ich meinen Kindern und Erben hier einzutragen befehlen.

Im Jahre 1523, Samstags in den Ostern (das ist 4. April), wurde meine Schwester Katharine geboren; sie wurde ein treffliches, schönes, freundliches, getreues und frommes Mensch (Mädchen). Als mein Bruder Johannes von Wittenberg, wo er studierte, nach Hause kam, begehrte sie von ihm zu wissen, wie man auf Lateinisch ausdrücken könnte: „Es ist wahrlich eine schöne Jungfrau." Er sagte: „profecto formosa puella." Sie fragte wieder, wie man denn Lateinisch ausdrücken könnte: „so ziemlich". Jener antwortete: „sic satis." Nach Verlauf von einiger Zeit kamen hierher drei Studenten von Wittenberg, vornehmer Leute Kinder, nur um die Stadt zu besehen; die hatte Christian Schmiterlow an seinen Vater, den Bürgermeister Nikolaus Schmiterlow, zur Beherbergung schriftlich empfohlen, und darum wollte er sie auch gut bewirten und ihnen gute Gesellschaft leisten lassen. Da er selbst drei erwachsene Töchter hatte, hatte er neben anderen Gästen auch meine Schwester einladen lassen. Nun wechselten die Studenten mit den Jungfrauen allerlei Scherzworte und redeten auch in lateinischer Sprache von Dingen, die sich vor Jungfrauen deutsch zu reden nicht geziemt, wie junge Gesellen wohl zu tun pflegen. Unter anderen sagte der eine zum anderen: „Profecto formosa puella," und als meine Schwester antwortete: „Sic satis," erschraken sie, da sie vermeinten, daß sie auch ihre vorigen „amatorischen" [1]) Reden verstanden hätte. Sie wurde leider im Jahre 1544 in einer gar ungeschlachten Ehe mit Christoph Meyer verheiratet, der das Haus am alten Markte an der Fährstraßenecke von seinen Eltern als deren einziges Kind ererbte; sein Vater, Hermann Meyer, hatte mit hohen Versprechungen und Zusagen, die er nicht gehalten hat, meine Schwester dazu beredet; ihr Mann war ein ungeschlachter Mensch, vertat, verfaulenzte und verbankettierte alles, was er hatte, auch das mit meiner Schwester Erheiratete. Sie zeugten miteinander zwei Kinder, einen Sohn und eine Tochter. Während meine Schwester noch in den Wochen lag, hielt er Umgang mit seinen Mägden und reizte also unsern Herrgott zum Zorn und zu umgehender Strafe, Franzosen (Syphilis) und Armut; darüber waren meine Eltern sehr betrübt und wünschten dieser meiner Schwester, die ihres Lebens gar müd und satt war, den zeitlichen Tod mehr, als daß sie sich davor fürchteten. Sie ist gestorben im Jahre 1549, erst 26 Jahre alt. . . .

Im Jahre 1527 auf Michaelis (29. September) wurde

---

[1]) Auf Liebesgeschichten sich beziehende.

meine Schwester Magdalene geboren; im Jahre 1549, als sie ein Alter von 22 Jahren erreicht hatte, ist sie im jungfräulichen Stande verstorben.

Im Jahre 1529 wurde mein Bruder Karsten geboren, und im Jahre 1580 ist er, 50 Jahre alt, am 2. November gestorben; den hat in den Jahren seiner Kindheit böse Krankheit oft gar hart befallen; man war der Meinung, daß es dadurch verursacht sei, daß die Mutter zur Zeit, da sie mit ihm schweren Fußes ging, sich an dem greulichen Gebahren einer Magd, die vom Teufel leibhaftig besessen war, entsetzt habe. Als er aber zu den Jahren der Mündigkeit kam, hat man bei ihm bis an sein letztes Stündlein nichts mehr davon gespürt.

Im Jahre 1532 wurde meine Schwester Barbara geboren und im Jahre 1550 ist sie, 18 Jahre alt, im Kindbett gestorben.

Im Jahre 1533 in dem großen Aufruhr wider den Bürgermeister Nikolaus Schmiterlow, als mein Vater nur deshalb, weil meine Mutter die Nichte des Bürgermeisters war, von den 48 und ihrem aufrührerischen Anhange in seinem Hause verstrickt (gefangen) gehalten wurde, ging meine Mutter schweren Fußes mit meiner Schwester Gertrud, die sie zu Michaelis (29. September) gebar. Als sich nun die Zeit näherte, da sie gebären sollte, bat mein Vater untertänigst den Rat und die 48, ihm zu gestatten, solange, bis sie entbunden sei, in die Nachbarschaft zu gehen; es wurde ihm aber abgeschlagen; so mußte er durchs Bodenfenster über die Dachrinne auf des nächsten Nachbars Boden steigen und daselbst solange verharren, bis meine Mutter ihrer fraulichen Last entbunden war. Zu seinem Kinde Gevattern zu bitten, wurde ihm auch abgeschlagen.... (f. S. 44).

Meine Mutter hielt ihre Töchter von Jugend auf zu der ihnen gebührenden häuslichen Arbeit an. Gertrud, die ungefähr von ihrem fünften Jahre an beim Rocken saß und spann — denn damals waren die Spinnräder noch nicht im Gebrauch —, hörte einst, wie mein Bruder sagte, daß die Kaiserliche Majestät einen Reichstag ausgeschrieben hätte, auf dem der Kaiser, der König, die Kurfürsten und Fürsten, Grafen und Große Herren miteinander zusammenkämen; da fragte sie, was sie da machten. Antwort: „Sie verordneten und beschlössen, wie es in der Welt gemacht werden sollte." Da fing das Mägdlein beim Rocken gar herzbrechend zu seufzen an und sagte in großer Wehmut: „Ach du lieber Gott, daß sie doch auch ernstlich verordnen möchten, daß solche kleine Mägdlein nicht spinnen dürften." Diese meine Schwester ist mit meiner seligen Mutter und meinen zwei anderen Schwestern, Magdalene und Katharine, im Jahre 1549, als die Pestilenz gar heftig in Stralsund und Umgegend grassierte, selig entschlafen; meine Mutter Montags, am 3. Juli, mittags Punkt 2. Als meine Schwestern bitterlich weinten, sagte sie zu ihnen: „Was weinet ihr? Betet viel lieber, daß Gott mir meine Pein gnädig kürzen wolle," und verschied. Gertrud, meine jüngste Schwester, verschied selig hiernach Sonntag den 16. Juli, des Morgens früh um 2, und meine älteste, unausgesteuerte Schwester Magdalene hatte die Krankheit auch schon so schlimm, daß es ihr drehend wurde; sie stand gleichwohl von dem Bette auf, schloß auf und tat nicht allein Gertruds Totenhemd und Laken heraus, sondern auch das, welches man ihr um= und anlegen sollte, und befahl, wenn Gertrud begraben wäre, das Grab offen zu lassen, nur mit Erde etwas zu bedecken und sie neben Gertrud zu setzen. Dann legte sie sich wieder zu Bett, bis den anderen Tag, nachdem Gertrud begraben war. Dienstag, 18. Juli, 10 Uhr abends, starb auch meine Schwester Magdalene. Sie war die größte und stärkste unter allen meinen Schwestern, eine treffliche, verständige, arbeitsame Haushälterin.

Dies schrieb mir meine Schwester Katharine zwei Tage vor ihrem Tode, den 9. September, während sie den 11. ver= schied, und daß es mit ihr sich auch dahin gewendet hätte: sie wäre schon auf dem Wege, der Mutter und den Schwestern zu folgen; sie trüge danach auch Verlangen; sie vermahnte mich, daß ich mich nicht grämen sollte.

Sie hinterließ von ihrem entarteten Ehemann zwei Kinder, einen Sohn, auch Christoph Meyer genannt, und eine Tochter; den Sohn nahm ich zu mir, die Tochter nahm meine Schwester Frubose nach Greifswald, wenn sie auch nicht gerade gut ausgesteuert wurde. Der Sohn hat mir viel Unlust gemacht; es half bei ihm weder Vermahnung noch Strafe; als er so groß war, daß man ihn hinweg unter fremde Leute schickte, konnte er nirgends bleiben, trat in seines Vaters Fußstapfen, legte sich auf Hurerei, Mägdeschänderei und allerlei Unart; endlich brachte ich ihn zu einer guten Ehe und zu auskömmlicher Nahrung. Als er starb, hinterließ er zwei Söhne. Den ältesten schickten seine Vormünder nach Danzig zu guten Leuten; er trieb es aber so, daß sie ihn wiederum hierher schickten; den jüngsten nahm ich zu mir und habe ihn zwei Jahre lang bei mir gehabt; ich ließ ihn in die Schule gehen, zankte mich mit ihm im Hause mehr herum, als mein hohes Alter wohl vertragen konnte, meinte, es sollte etwas aus ihm werden, patrisierte (bevaterte) ihn gar zu sehr, danke aber nun Gott, daß ich seiner ledig geworden bin. Großvaters und Vaters Bosheit nimmt in ihnen (Gott bessere es und bekehre sie!) überhand.

Meine Schwester Barbara schickte mein Vater nach Greifswald; sie weilte bei meiner späteren Braut, bis die Pest in Stralsund aufhörte.

Als nun die Pest etwas nachließ und mein Vater als ein alter, elender, von Sorgen gequälter Mann meine Schwester Barbara von Greifswald sich zur Gesellschaft heimkommen ließ — sie war erst 15 Jahre alt, aber gar schön, freundlich und häuslich —, da freite sie Berndt Schlossen, der bereits zwei Frauen gehabt hatte, und sie bekam von ihm Kinder. Mein Vater aber hatte an dem Schwiegersohn nur wenig Gefallen, denn dieser hatte in seinen bei Gericht anhängigen Sachen seinen Gegnern großen Beistand geleistet und ihm viel Schalkheit getan; aber er ließ nicht ab, hielt immer an mit großen Zusagen und Versprechungen, bis er das Jawort erlangte, und so hielt er das eheliche Beilager zu Martini (11. November) desselben Jahres 1549.

Als ich im nächsten Jahre von Speier nach Greifswald kam und mir meine Braut hatte zuschlagen lassen, ritt ich nach Stralsund, besuchte daselbst auch meine Freunde, insonderheit meinen Schwager und meine Schwester, mit der er erst vor acht Wochen Hochzeit gehalten hatte. Er führte mich in seine Kemenate, zeigte mir daselbst meinen Namen und mein Merkzeichen in dem Fenster und sagte, daß er dafür dem Glaser eine Mark Sundisch gegeben hätte. Ich schnürte meinen Säckel auf und gab ihm die Mark.

Das ¹) hatte mich befremdet, ich dachte gleich, daß er ein seltsamer Abenteurer sein müßte; mein Vater hatte mir von seinen hohen Anerbietungen, wie freundlich und in allem willfährig er sich verhalten wollte, viel gesagt. Danach war dieser Anfang nicht geschaffen, sondern dünkte mich eher ein Zeichen von grober Filzigkeit zu sein.

Zweites Kapitel.
Der Aufruhr Roloff Mollers ²).

Im Jahre 1522 empörte sich Roloff Moller, ein junger Mann von noch nicht 30 Jahren; sein Großvater war Bürgermeister; daher hatte er ein Buch, darin er alle Einkünfte, Hebungen, auch Privilegien und Gerechtigkeiten der Stadt verzeichnet fand. Der versammelte einen Haufen Bürger im Kloster St. Johannis, machte unter Hinweis auf das große Einkommen der Stadt, wie es das Buch vermeldete, den Rat verhaßt bei den Bürgern, weil er ungetreulich haushielte, der Stadt Einkünfte zum Nachteil der ganzen Stadt unterschlüge, begab sich dann zu ihnen auf das Rathaus, schalt den ganzen Rat ins Angesicht Diebe und verschonte auch seines eigenen nahen Verwandten, des Herrn Gert Schröder, nicht, sondern sagte zu ihm vor dem dabei sitzenden Rat, er wäre wohl klein von Person, aber ein großer Dieb.... Und damit machte er sich bei den Bürgern einen so großen Anhang, daß sie aus ihrer Mitte 48 wählten, die im Namen der ganzen Bürgerschaft nicht allein neben dem Rate, sondern über dem Rat regieren sollten. Des Rates Rat dürfte nichts gelten, sondern sie schrieben dem Rate vor, wie sie's haben wollten; sie ließen darüber einen Rezeß ausfertigen, nach dem sich der Rat fürderhin zu richten habe dem Buchstaben nach, und zwangen Bürgermeister und Rat, denselben zu untersiegeln und eidlich zu beteuern, daß sie alles, was darinnen enthalten

---

¹) Nämlich, daß er sagte, wieviel es ihm gekostet habe, das Merkzeichen des Schwagers ins Fenster schneiden zu lassen.
²) Teil I, Buch 1, Kap. 4, 8, 9.

sei, unverbrüchlich halten wollten. Nur Herr Nikolaus Schmiterlow wollte nicht darein willigen, noch weniger ihn mit seinem Eide bekräftigen. Deswegen wurden sie ihm gram und abgünstig und trugen auch solange ein feindliches Gemüt gegen ihn, als ihre Gewalt (bis 1537) währte; und dies ist also der innere Grund alles Widerstandes, den sie ihm von dieser Zeit an bis 1537 geliefert haben. . . .

Am Montag nach Johannis des Jahres 1524 erschien Roloff Moller mit der Bürgerschaft in großer Zahl auf dem alten Markte; dort hörten sie Roloff Mollers Weisheit mit großer Lust und Verwunderung; daher gewannen die Dinge zwischen dem Rate und der ganzen gemeinen Bürgerschaft ein gar besorgliches Aussehen, und nichts anderes als gänzlicher Untergang des gemeinen Besten war zu vermuten. Denn Roloff Moller, das Haupt der 48er und gemeiner Bürgerschaft, betrieb die Sache wider den Rat mit großer Schärfe. Er war ein wohlgewachsener, beredter Mann, damals nicht viel über 30 Jahre alt und zum Amte eines Bürgermeisters, wenn er nur die rechte Zeit hätte abwarten wollen, wohl geschickt. Er war aber zu prachtliebend und hoffärtig . . ., wollte fliegen, ehe ihm die rechten Federn gewachsen waren, und stürzte sich und andere, ja die ganze Stadt in große Ungelegenheit, Schaden und Nachteil. . . .

Herr Nikolaus Schmiterlow war auch eine ansehnliche Person, ein beredter, standhafter, herzhafter Mann, und hatte bereits in der Regierung der Stadt als Ratmann und Bürgermeister 17 Jahre gesessen. Solcher Eigenschaften wegen war er auch von dem Landesfürsten (Boguslav) aufgefordert worden, ihn auf der Reise nach Nürnberg (1523) zu begleiten. Dieweil er nun auf der Nürnbergischen Reise in vielen Städten die reine Lehre des Evangeliums kennen gelernt und erfahren hatte, wie dieselbe durch das heillose Papsttum verfälscht worden sei, ja Luthern zu Wittenberg selbst predigen gehört hatte, so war er auch im Rate der erste Bekenner des Evangeliums, hatte auch wider den Rat daran festgehalten und die, welche die reine Lehre hereingeführt hatten und die Sache vernünftig betrieben, getreulich vertreten und verteidigt. Da der Rat wie auch die

Landesfürsten und Vornehmsten des Landes noch papistisch, die 48, Roloff Moller mit seiner aufrührerischen Rotte aber gar zu geschwind und eifrig evangelisch geworden waren und eigenwillig mit ihrem Kopfe durch die Wand wollten, so suchte Schmiterlow zu vermitteln, mahnte den R a t, in einer so rechtmäßigen, gegründeten Sache sich nicht so hart wider die gemeine Bürgerschaft zu erzeigen, die B ü r g e r s ch a f t, nicht so geschwind wider ihre Obrigkeit zu verfahren noch sich aufzulehnen, sondern Rücksicht zu üben, indem er versprach, daß ihnen ihre Prediger gelassen und der Lauf des Evangeliums nicht sollte gehemmt werden. Doch richtete er bei dem einen so wenig aus als bei den anderen. Herr Omnes[1]) drang durch, und der Rat, der vormals des rechten Vaters, seines alten Bürgermeisters, getreuen Vermahnungen nicht hatte folgen wollen, mußte jetzt auf den Herrn Omnes, den Stiefvater, hören.

Darauf tat sich das aufrührerische Wesen erst recht hervor, denn die unruhigen Bürger, die neben Roloff Moller Führer waren, brachten Roloff Mollern zwischen sich auf das Rathaus, setzten ihn zum Bürgermeister auf die Bürgermeisterbank und zwangen den Rat, neben Mollern Herrn Christoph Lorbeer zum Bürgermeister und acht aus der Bürgerschaft zu Ratsherren zu küren; so mußten die Ratsherren, wollten sie anders ihre Köpfe behalten, ihre Erzfeinde auf der kurzen und langen Bank neben sich sitzen sehen und leiden; Herr Schmiterlow aber mußte für seinen guten Willen den Lohn derer empfangen, die sich zwischen Angel und Türe stecken und also sich klemmen. . . .

Als dann Roloff Moller am folgenden Tage in der Kirche wie ein rechter Bürgermeister in den Bürgermeisterstuhl trat, ging Schmiterlow nicht allein heraus, sondern zog auch, da er als ein weiser und erfahrener Mann leicht ermessen konnte, wie gefährdet er bei so üblem Zustande sein würde, mit seinen beiden Söhnen Klaus und Bertram nach Greifswald und war bei meiner Mutter, seines Bruders Tochter, über drei Jahre zur Herberge.

---

[1]) Die Masse des niederen Volkes.

Drittes Kapitel.

Die Einführung der Reformation in Stralsund [1]).

Etliche Mönche des Klosters zu Belbuck waren von Johann Bugenhagen[2]) aus Pommern, damaligem Rektor der Schule zu Treptow an der Rega, bekehrt und in der reinen Lehre unterwiesen worden und hatten das Kloster verlassen; es waren die Herren Christian Ketelhuldt, Johann Khurke und Georg von Ukermünde. Als dieser Herr Georg nach Stralsund kam, wurde er von den Bürgern als Prediger angenommen. Aber, nachdem er in der St. Nikolauskirche dreimal gepredigt hatte und merkte, daß der Rat ihm nicht gestatten wollte zu predigen, desgleichen die ganze papistische Klerisei ihm gefährlich zusetzte, er auch erfuhr, daß die Herzöge Ketelhudt von Treptow und auch Khurken vertrieben hatten, und spürte, daß die Bürgerschaft ihn nicht verlassen wolle, er also von allen Seiten in die Enge getrieben wurde, zog er heimlich davon.

Herr Johann Khurke wollte ein Kaufmann werden, kam nach Stralsund, um von dort nach Livland zu segeln, wurde aber zur Predigt zugelassen, anfangs auf St. Georgs-Kirchhof, danach zu St. Katharinen im Kreuzgang, in der Folgezeit zu St. Nikolaus; er starb aber im Jahre 1527 und wurde zu St. Georg begraben.

Herr Karsten Ketelhudt war im Kloster Belbuck sechzehn Wochen Mönch und Prior gewesen, hatte aber auf Geheiß dessen, der ihn in die Kappe gesteckt hatte, nämlich des Abts zu Belbuck, Herrn Johann Boldewan, die Kappe wieder ausgezogen und war Pfarrer zu Stolp geworden; dort predigte er eine Zeitlang das Evangelium, wurde aber auf lügenhafte Angaben der Pfaffen von den Landesfürsten

---

[1]) Teil I, Buch 1, Kap. 5, 6, 10, 11.
[2]) Johann Bugenhagen, geb. 24. Juni 1485 zu Wollin, daher Pomeranus oder Dr. Pommer genannt, war seit 1503 Rektor der Schule zu Treptow. Durch Luthers Schriften für die Reformation gewonnen, siedelte er 1521 nach Wittenberg über, wurde 1523 Prediger daselbst und hielt seit 1525 Vorlesungen an der Universität. Viele norddeutsche Städte empfingen von ihm ihre neue Kirchenordnung. Er starb am 20. April 1558.

des Pfarramts entsetzt. Und da er auf mündliches und schriftliches Ersuchen, um sich zu verantworten, bei den Landesfürsten, Prälaten, Ritterschaft und Städten nicht zur Audienz gelangen konnte, also ganz verzagte, Sicherheit und Geleit zu erhalten, entschloß er sich, das Predigtamt gänzlich aufzugeben und ein Handwerk zu lernen, und reiste deswegen ins Land Mecklenburg; und als er daselbst keinen Herrn oder Meister antreffen konnte, der nach seinem Sinn gewesen wäre, kam er nach Stralsund in der Absicht, von da nach Livland zu fahren; aber infolge widriger Winde mußte er etliche Wochen stillliegen, während welcher Zeit man in Stralsund anfing, mit der (katholischen) Kirche zu brechen. So hat er auch in den Kirchen gehört, was für gottlose Fabeln, Narrenwerk, ja lügenhaften Menschentand man auf die Kanzel gebracht hat, hat auch bemerkt und erfahren, was die Pfaffen für ein ärgerliches, abscheuliches, unverschämtes, sodomitisches Leben in Hurerei, Ehebrecherei, Mägdeschänderei, Fressen, Saufen usw. führten, und als er von vielen Stralsunder Bürgern inständig ersucht wurde, am Sonntag Rogate auf dem St. Georgs-Kirchhofe zu predigen, hielt er daselbst unter der Linde — denn die Kirche war für seine Zuhörer viel zu klein — drei Predigten: die erste über das Evangelium Matthäi 11: „Kommt her zu mir, die ihr mühselig und beladen seid, ich will euch erquicken"; die andere über Johannis 16: „Ich sage euch fürwahr, so ihr den Vater etwas bitten werdet in meinem Namen usw."; die dritte über (den Text): „Gehet hin in alle Welt und prediget usw." Darauf ließ ihm der Rat auf heftiges Verlangen der Klerisei ernstlich befehlen, das Predigen zu unterlassen, aber die damaligen Regenten der Stadt mit der ganzen Bürgerschaft führten ihn in die Stadt und ließen ihn in St. Nikolaus predigen.

Im Jahre 1523 des Montags in der stillen Woche (16. Februar) kommt eine Magd auf Befehl ihrer Frau in die St. Nikolaus-Kirche und reißt das Spind ihrer Frau, an dem etwas zerbrochen war, von der Bank, um dasselbe ausbessern zu lassen. Das sehen Handwerksgesellen, die gerade in der Kirche waren, fangen auch an abzureißen und zu brechen, und es sammelt sich des Gesindels viel, indem sie von der einen Kirche zur anderen, aus dem einen Kloster ins andere ziehen; sie reißen die Altäre herunter und nehmen die Bilder weg. Alle Pfaffen und Mönche aus den Klöstern liefen hinweg, zur Stadt hinaus; ausgenommen Henning Budde, der Guardian des St. Johannisklosters, der blieb zurück.

Der Rat befahl ernstlich, daß ein jeder, was er an sich genommen hatte, den folgenden Mittwoch, den man den Aschermittwoch nennt, auf den alten Markt bringen sollte, auch kam der ganze Rat denselbigen Tag auf das Rathaus; die gemeine Bürgerschaft versammelte sich in großer Zahl auf dem alten Markte. Die Bürger, die Kirchen und Kapellen geplündert hatten, brachten nur die hölzernen Götzen und Bilder mit sich; das andere, daran ihnen wohl am meisten gelegen war, behielten sie zurück; die hölzernen Klötze[1]) wurden aufs Rathaus gebracht. Unter andern wurden auch zwei Frauen gegriffen und vor den Rat gestellt; die eine hieß Bandelwitz, die trat vor den Bürgermeister Herrn Johann Heye mit den trotzigen Worten: „Was willst du, Hans Heye? Warum hast du mich holen lassen? Was habe ich getan?" Der Bürgermeister sagte: „Warte nur, du sollst es bald erfahren," und befahl, daß sie nach dem Gefängnis geführt und gefangen gesetzt würde; dasselbe begegnete der andern, Hans Wickbolt's Frau. Die Bürger auf dem Markte ergriffen Partei; denn ein Teil war evangelisch, der andere hielt zu der alten Religion. Die waren mit ihren Waffen gerüstet und gar voll Grimms gegen die Evangelischen, die hinwiederum damit übel zufrieden waren, daß die Frauen als Gefangene nach dem Gefängnis geführt worden waren. Der Stadtvogt, Schroter mit Namen, kam auf den Markt geritten und brachte einen Kelch mit, den er einem, der ihn aus der Kirche genommen, mit Gewalt entrissen hatte. Er war gar ungehalten und drohte, die Evangelischen ins Gefängnis zu werfen, in den Block zu setzen oder zu töten; und fast wäre es ihm selbst widerfahren, wie er denn auch bald eines schnellen Todes starb. Ludwig Fischer sprang auf die Fischbank und rief

---

[1]) D. h. die hölzernen Heiligenbilder.

mit lauter Stimme: „Wer beim Evangelium tot oder lebendig bleiben will, trete auf die eine Seite neben mich!" Dahin traten die meisten; der übrigen waren wenig. Darüber erschraken die Herren vom Rat, die an den Fenstern standen und alles ansahen und hörten, wie sie auf dem Markte gegen sie losgingen, und sorgten sich, wie sie lebendig wieder nach Hause kämen. Roloff Moller ging zu ihnen auf das Rathaus und zeigte ihnen an, wie die Dinge standen. Darauf wurden die beiden gefangenen Weiber, die nicht über eine Stunde im Gefängnis gesessen hatten, wieder freigelassen, und der Rat bat die Bürger, sich zufrieden zu geben, sie wollten tun, was die Bürger begehrten. Aber Herr Omnes wollte sich gleichwohl so bald nicht stillen lassen; bis um 4 Uhr ging jeder nach Hause, und dadurch gaben sie auch dem Rate Raum, ohne Gefahr vom Rathaus zu gehen.

Es kamen auch ins Land, sonderlich nach Hinterpommern, etliche Schwarmgeister, unter denen der Vornehmste Dr. Amantius war; die reizten ihre Zuhörer zum Bildersturme und lehrten von der Kanzel, daß man die Fürsten mit Lumpen werfen und aus dem Lande jagen sollte, und insgemein wurde dafür gehalten, insonderheit von den Päpstlichen jedem eingeredet, daß diese und die Evangelischen einerlei Sekte wären; die hätten im Lande einen starken Anhang. Daher hielten sich die Fürsten (Georg und Barnim, die Söhne des Herzogs Boguslav) ganz still und mußten es, da sie noch zur papistischen Religion gehörten, geschehen lassen.

Als nun Mitglieder des Rats, die Herrn Karsten Ketelhudt und andere evangelische Prediger etlichemal hatten predigen hören, allmählich zum rechten Verständnis der reinen evangelischen Lehre gekommen waren, nahm der Rat mit den 48 und der Bürgerschaft einhellig die eingeführten evangelischen Prediger an, besetzte mit ihnen die Kirchen und vertraute Herrn Karsten Ketelhudt das Pastorat oder oberste Pfarramt als Oberhaupt der anderen Prediger und Kirchendiener an, welches er auch 23 Jahre bis an sein Lebensende verwaltete.

Pfaffen und Mönche aber konnten leicht abnehmen, daß ihres Bleibens nicht mehr sein würde; darum rafften die

Domherren und Pfaffen alle ihre Barschaft und was an Geld und Geldeswert vorhanden war, desgleichen die Siegel und die Briefe (Urkunden), die in großer Zahl vorhanden waren und auf große Summen zugunsten von Kirchen und Hospitälern lauteten, sowie allerlei Meßgewänder und Ornate mit dem darauf befindlichen Silber, auch Kelche und Patenen[1]) in nicht geringer Zahl zusammen, etliche Truhen und Kisten voll, führten sie verschlossen mit sich und versteckten sie heimlich in Greifswald bei Ratspersonen und vornehmen Bürgern; nachher machten sie alles zu Geld, die Siegel und die Briefe, von denen jährliche Renten stammten, verkauften sie den Ausstellern oder ihren Erben um die Hälfte, zu merklichem, uneinbringlichem Schaden, Nachteil und Abbruch der Kirchen und Hospitäler....

Da Herr Karsten Ketelhudt anfangs nur von etlichen Bürgern auf den Predigtstuhl erhoben worden war und ohne Besoldung seinen täglichen Unterhalt im Weinkeller und König-Artushofe suchen mußte, geriet er ins Zechen und in ein gesellschaftliches Treiben, das ihn am Studieren hinderte; schließlich machte er sich mit einem Juden, von dem er die lingua sancta (die heilige, d. h. die hebräische Sprache) aus dem Grunde gelernt, so gemein, daß er sich verführen ließ, eine von dem Juden angenommene irrige Meinung als recht und wahr auf die Kanzel zu bringen. Das veranlaßte den Rat, Herrn Johann Knipstrow zum Superintendenten zu berufen (1524); Ketelhudt aber behielt Zeit seines Lebens den Titel eines primarius pastor (Hauptpfarrer) und wird auch in St. Nikolaus auf seinem Konterfei und in seiner Grabschrift Repurgator ecclesiae Sundensis (Reiniger der Kirche von Stralsund) genannt.

Dieser Herr Johann Knipstrow hat mit Glimpflichkeit, Sanftmut und Bescheidenheit Herrn Christian Ketelhudt fein wieder auf den rechten Weg gebracht, so daß an ihm in der Folgezeit kein Irrtum gemerkt wurde; Herr Karsten mißgönnte es Knipstrow nicht, daß er Superintendent war, Knipstrow war es nicht zuwider, daß Herr Karsten primarius pastor blieb...; so lebten sie miteinander wie Brüder...

---

[1]) Metallene Schale, auf der die Hostien beim Abendmahl liegen.

Viertes Kapitel.

Ein Mord aus Notwehr[1]).

Meine Eltern, die beiden jungen Eheleute, hatten sich wohl eingerichtet, alles fertig gebaut, saßen in voller Nahrung mit Federn, Wolle, Honig, Butter, Korn und hatten ihr stattliches Mahl= und Brauwerk. Der Scheffel Gerste und Roggen galt zu dieser Zeit nur 7 Weißpfennige, Hafer einen halben Schilling, das ist 14 Stralsundische Pfennige, so daß der Bauersmann sagte: „Wenn er nur von dem Scheffel Korn 4 Stralsunder Pfennige haben könnte, hätte er den Lohn seiner Arbeit und begehrte nichts mehr"; die Tonne Bier galt 1 Gulden, wie solches in meines Vaters Buch zu lesen ist. Das mag wohl eine goldene Zeit gewesen sein, in der Geld zu verdienen war. Da wandelte sich ihre Glück= seligkeit in einen gar betrübten und übeln Zustand.

Im Jahre 1523 nämlich kaufte Jürgen (Georg) Hart= mann, Doktor Stoientins Tochtermann, meinem Vater ein Viertel Butter ab, wobei sie miteinander in Wortwechsel gerieten. Um darüber Klage zu führen, geht Hartmann — der gerade zu Herrn Peter Korchschwanz (der nachmals Bürgermeister wurde, des jetzigen Bürgermeisters Peter Korchschwanz Vater) einen Tahhaken (Hirschfänger) trug — zu seiner Frau Mutter. Diese, die von Natur hochfahrend und sehr reich war, auch einen Doktor, der Rat des Landes= fürsten war, zur Ehe hatte und also geringe Leute wenig achtete, ... gibt ihm ein Handbeil mit den Worten in die Hand: „Sieh, da hast du ein Vierken[2]), gehe auf den Markt und kauf dir ein Herz...." Dem begegnete mein Vater, als er nach der Wage gehen wollte, um sich einen Kessel Honig wiegen zu lassen, oben in der Gasse, wo die Klein= schmiede wohnen, ohne jede Waffe; nicht einmal ein Brot= messer hatte er bei sich. Ihn überfällt Hartmann mit Taß= haken und Handbeil. Mein Vater flieht vor ihm in eines Kleinschmieds Haus und erwischt die Fleischgabel; die nehmen ihm die Schmiedeknechte weg, desgleichen ver= wehren sie ihm auch die Leiter, die am Hängeboden stand;

---

[1]) Teil I, Buch 1, Kap. 12.
[2]) ¼ Schilling.

er aber reißt von der Wand einen Knebelspieß und läuft damit zum Hause hinaus auf die Gasse, indem er fragt, wo der sei, der ihm Leib und Leben hätte nehmen wollen. Darauf springt Hartmann aus dem Hause des nebenan wohnenden Schmiedes, wo er zu seinen beiden vorigen Waffen von dem Amboß noch einen Hammer genommen hat, wirft damit nach meinem Vater, und obgleich derselbe den Wurf mit dem Spieß abwehrte, so glitt doch der Hammer längs des Spießes ihm vor die Brust, daß er etliche Tage Blut spie; darauf traf er ihn flugs mit dem Handbeil in die Schulter. Da er nun mit beidem, Hammer und Handbeil, nicht fehlgetroffen hatte, meinte er, die Sache würde ihm auch weiter nicht mißlingen, riß den Tabhaken aus der Scheide und lief damit meinem Vater in den Spieß. Der stieß ihm den Spieß bis an den Knebel in den Leib, daß er stürzte. Dies ist dieser kläglichen Geschichte wahrhaftiger Bericht. Ich weiß wohl, daß die Gegner es anders berichten, daß mein Vater Hartmann, der sich in des Schmieds Stube hinter dem Ofen wehrlos versteckt gehabt, erstochen habe; aber es klingt nicht, es sind Possen und Fabeln.

Mein Vater eilte stracks nach dem Kloster der schwarzen Mönche, mit denen er bekannt war; die führten ihn in die Kirche oben unter dem Gewölbe in ein Steinspind. Doktor Stoientin mit großem Anhang und vieler Dienerschaft durchsuchte alle Winkel des Klosters und kam auch in die Kirche; mein Vater meinte, sie sähen ihn, er wollte sie ansprechen und bitten, ihn um der in eigener Unschuld begangenen Notwehr willen zu verschonen; doch gab der barmherzige Gott, daß er schwieg und der Gegenpartei die Augen verschlossen blieben, daß sie ihn nicht sehen konnten.

In der Nacht brachten ihn die Mönche über die Mauer, so daß er den Damm entlang durch das am Ende des Dammes gelegene Dorf Neuenkirchen kommen konnte. Dorthin hatte mein Stiefgroßvater einen Bauernwagen von Leist (Dorf bei Neuenkirchen) bestellt, der einen Sack mit Gerste, auch einen Futtersack und meinen Vater im Sack verborgen nach Stralsund führte. Dem begegnete in der Nacht Stoientin und fragte den Fuhrmann, wo er hinwollte. Jener antwortete: „Nach Stralsund." Als er auf den Sack stieß und fragte: „Was hast du geladen?" ant=

wortete jener: „Gerste und meinen Futtersack"; als er ihn fragte: ob er niemand reiten oder laufen gesehen hätte, antwortete jener: „Ja, es ist einer gar eilends den Weg nach Horst geritten, mich dünkt, es ist Sastrow von Greifswald gewesen, und ich habe mich gewundert, daß er in der Nacht so eilends mit dem Pferde davonjagte." Darauf wandte sich Dr. Stoientin von dem Bauer und ritt den Horster Weg entlang, mein Vater aber kam nach Stralsund und erlangte von dem Rate daselbst Geleit.

Doch durfte mein Vater solchem Geleit durchaus nicht trauen, dieweil der Entleibte meines gnädigen Herrn Herzogs Georg Schützling gewesen war, Dr. Stoientin, Sr. fürstlichen Gnaden Rat, das meinem Vater gegebene Geleit sehr übel nahm und die Gegenpartei reich, stolz und mächtig war. Er schweifte in Dänemark, Lübeck, Hamburg und Umgegend herum, bis er mit dem Landesfürsten sich vertragen hatte um eine ansehnliche Summe, die er auch bar hat erlegen müssen.

Und obwohl in der Folgezeit nach vielfältigen Bemühungen meines Stiefgroßvaters, des Herrn Karsten Schwarz, mein Vater mit der beleidigten Partei auf Zahlung von 1000 Mark Blutgeld vertragen worden ist, hat er doch gleichwohl vor der Gegenpartei die Stadt Greifswald nicht betreten dürfen....

Fünftes Kapitel.

Aus der Kinder- und Schulzeit[1]).

Meine Mutter ging gewöhnlich bald nach Mittag, sonderlich in der Fastenzeit, vor alle drei Altäre vor dem Chore, betete, wie unter dem Papsttum gebräuchlich war, vor einem jeden Altar ein Pater noster und Ave Maria. Das „Barthelmeweselein" mußte stets mit ihr gehen. Der setzte sich einst am ersten Altar bei der Mutter nieder und legte ein „kleines Rauchwerk" dahin; da ihm aber die Mutter zu zeitig aufstand und er ihr zum andern Altar folgte, tat er dort desgleichen; was er noch übrig behielt,

---

[1]) Teil I, Buch 1, Kap. 15, 17; Buch 2, Kap. 1, 3, 4, 7.

brachte er vor den dritten Altar. Als nun die Mutter aufstand und sah, wie ich vor allen drei Altären das Heiligtum beweihräuchert und das Gebet so herrlich beschlossen hatte, ging sie nach Hause und schickte die Magd mit einem Besen in die Kirche, das Rauchwerk mitsamt der Andacht aus der Kirche zu fegen.

Daß meine Mutter, da sie in ihrer Jugend ohne den Vater mit ihren vier kleinen, unerzogenen Kindern hauszuhalten gezwungen war, von schwermütigen, traurigen Gedanken gequält gewesen, ist leicht zu verstehen. Als sie einmal beim Hackeblock stand und gedörrte Fische zuhackte, fiel ihr ein Stück neben dem Block auf die Erde; ich, als ihr jüngstes Söhnlein, stand bei ihr, hob das gefallene Stück auf, und als sie, um dasselbe aufzuheben, sich in dem Augenblicke niederbückte, da ich mich wieder aufrichtete, stieß sie mir die Spitze des Beiles oben in das Vorhaupt. Das Mal ist noch vorhanden, bleibt auch wohl so lange, als ich in diesem sterblichen Leben bleibe. ...

Man hat mir erzählt, ich sei in meinen kindlichen Jahren recht wild gewesen; so sei ich manchmal auf den St. Nikolausturm gestiegen und einmal außerhalb des Turmes in der Höhe der Glocken um den Turm herumgegangen. Da nun meine Mutter vor ihrer Tür, gerade gegenüber dem Turme, stand und ihr Söhnlein so herumspazieren sah, war sie in rechter Sorge, bis er unverletzt wieder heruntergekommen war; sie hat auch „Barthelmewese" dafür gegeben, was er wohl verdient hatte.

So lange als meine Mutter in Greifswald wohnte, ging ich daselbst in die Schule, lernte nicht allein lesen, sondern auch aus dem Donat[1]) deklinieren, komparieren, konjugieren; sie begannen mir auch den Torrentinus[2]) vorzulesen. Zu Palmarum mußte ich, nachdem ich die vorhergehenden Jahre anfangs das kleine, danach das große „Hic est" gesungen hatte, das „Quantus"[3]) singen. Das

---

[1]) Die lateinische Grammatik des Älius Donatus, auf der die in den mittelalterlichen Schulen gebrauchten Grammatiken beruhten, weshalb sie kurzweg Donat genannt wurden.

[2]) Grammatiker des 15. und 16. Jahrhunderts.

[3]) Kirchliche Hymnen, nach den Anfangsworten benannt.

war für die Knaben eine große Ehre und für ihre Eltern nicht die geringste Freude, denn man nahm dazu aus den Schulen die wackersten Knaben, die sich vor der großen Menge der Klerisei und weltlichen Personen nicht fürchteten und mit heller Stimme besonders das „Quantus" herausschmettern konnten. ...

Im Jahre 1528, da meine Eltern merkten, daß der Hartmannsche Anhang durch nichts zu erweichen sei, meinem Vater in der Stadt Haus und Nahrung (Erwerb) zu gestatten, mußte meine Mutter, wenn anders meine Eltern, wie frommen Eheleuten gebührt, die Last der Haushaltung miteinander tragen wollten, meinem Vater nachziehen. Deswegen erwarb mein Vater das Bürgerrecht in Stralsund und kaufte daselbst ein Haus; meine Mutter brach von Greifswald auf, nachdem sie daselbst ihr Haus vermietet hatte, und zog im Frühlinge nach Stralsund.

Um dieselbe Zeit nahm mich mein Stiefgroßvater, der damals Kämmerer in Greifswald war, zu sich, damit ich daselbst studierte; ich wurde deponiert[1]), hatte zum Lehrer Georg Normann, der aus Rügen gebürtig, nachher in den Dienst des Königs von Schweden getreten und bei ihm auch gestorben ist. Ich studierte aber gar wenig und liebte es mehr, auf den Pferden spazieren zu reiten und mit dem Großvater auf die der Stadt gehörigen Dörfer zu fahren, als in den Büchern zu lesen; deswegen machte ich auch in den Studien geringe Fortschritte.

... Zu dem Landtag in Stettin (1529, St. Gallitag = 16. Oktober) wurde vom Rate zu Greifswald mein Oheim, Herr Kaspar Bunsow, der Bürgermeister, geschickt, der nahm mich mit als seinen Gefolgsjungen. ... Sein Wirt führte ihn in seinen wohl angelegten Garten. Darin hatte er einen schönen Karpfenteich und dicht daran eine Burg gebaut; auf diese stieg man von innen her, über der Treppe war eine Luke, die man zuschließen konnte. Als nun die Herren von der Burg aus auf die schönen Karpfen im Teich herabschauten, kletterte ich auch zum Fenster hinauf gegenüber der Luke, und als ich wieder heruntersteigen

---

[1]) aufgenommen. Die Aufnahme geschah unter gewissen symbolischen Bräuchen, oft nicht ohne Roheit und Gewalttätigkeit.

wollte, dachte ich nicht an die offene Luke und stürzte zurück durch die Luke die Stiege hinunter, daß es jedermann wunder nahm, daß ich nicht den Hals, oder zum wenigsten ein Bein oder einen Arm gebrochen hatte....

Herrn Bertram Schmiterlows ältester Sohn Klaus, fünf Jahre alt, aber länger und stärker von Gliedmaßen als ich, ein verzweifelter Schalk, tat den Kindern in der Nachbarschaft viel Gewalt und Schaden an, da er von dem Vater nicht allein nicht bestraft, sondern auf die Klage der Nachbarn hin von ihm mit großer Grobheit verteidigt und in seinem Mutwillen und seiner Bosheit gestärkt wurde. Darum nahm ihn der Großvater, Herr Karsten Schwartz, zu sich, um großen Wortwechsel, ja Mord und Totschlag zwischen dem Vater und den Nachbarn zu verhüten; er schlief bei mir in der Kammer auf einem Bette. Einmal am Morgen, als wir aufstanden, und beide nebeneinander auf der hohen Kiste am Ende des Bettes uns anzogen, stieß er mich, ohne ein Wort zu sagen und ohne jede Ursache, sondern bloß aus boshaftem Mutwillen ... vor die Brust, daß ich rückwärts von der Kiste zurückfiel.

Ein andermal richtete der Großvater ein großes Nachtmahl aus, zu dem er nicht allein seine Kinder, sondern auch andere geladen hatte. Auf den Abend, als eines jeden Knecht seinem Herrn die Leuchte brachte und sie bei dem Feuer saßen, kam dieser Lecker (Schelm) zu ihnen und neckte sie auf allerlei Art. Die Knechte fürchteten sich vor dem Vater und ließen alles über sich ergehen. Schließlich unterstand er sich, dem einen nach dem andern den „Brumm zu schlagen" (d. h. ihn auf die Lippen zu schlagen); einer ward verdrießlich und schlug ihn aufs Maul. Er läuft in die Stube zu dem Vater und sagt ihm, welcher Knecht ihm die Maulschelle gegeben habe. In der Nacht, als das Bankett geendigt war, und die Gäste aufstanden, um nach Hause zu gehen, die Laternen angezündet waren und man aus dem Hause auf die Gasse kam und man nirgends und bei keinem etwas anderes als Stille und friedliche Stimmung bemerkte, zog der Vater des Klaus den Taßhaken (siehe oben S. 27), den er an der Seite hatte, aus der Scheide und hieb dem Knecht, während er seinem Herrn die Laterne vorantrug, eine greuliche Wunde in die Schulter hinein.

Infolgedessen mußte mich mein Großvater, wenn anders ich unverletzt von dem Lecker bleiben sollte, und um in keine größere Ungelegenheit zu geraten, nach Stralsund bringen lassen.

... Mein Lehrer war Matthias Braſſanus, vor Zeiten ein junger Mönch im Kloſter Camp[1]); als aber mein gnädiger Herr das Kloſter einnahm, unterhielt er dieſen und Herrn Leonhardt Meifiſch etliche Jahre zu Wittenberg. Meifiſch wurde Hof-, in der Folge auch Stadtprediger zu Wolgaſt, ſchließlich Paſtor an der Alten Kirche auf Wittow — eine rechte Epikureiſche Sau[2]); Braſſanus aber war ein feines, mäßiges, züchtiges und gelehrtes Männlein. Als er von Wittenberg kam, war er eine gute Weile vor Übernahme des Schuldienſtes Hauslehrer der beiden Söhne des Bürgermeiſters, Herrn Nikolaus Schmiterlow, nachher Rektor der Schule; auch wurde er nach etlichen Jahren vom ehrbaren Rate zu Lübeck zum Rektor der Schule berufen. ... Den alſo hatte ich in Stralſund zum Lehrer, und alſo wurde aus dem „deponierten" Greifswalder Student wiederum ein Stralſunder Bachant[3]).

Ich ging in die Schule und lernte ſoviel, als ich bei meiner Wildheit konnte. Am Ingenium — das konnte man ſehen — fehlte es mir keineswegs, wohl aber an Stetigkeit. Des Winters lief ich mit Johann Gottſchalk u. a. meines Schlags aufs Eis. Johann Gottſchalk war „Hennicke Dormeyer" (das iſt Anführer), der hatte lange Beine, und wenn er einmal einbrach, konnte er mit trockenen Schuhen entrinnen. Wir andern, die folgten, und unter denen ich nicht der letzte ſein wollte, fielen hinein und mußten ans Land waten. Bisweilen ſtand mein Vater auf der Überbrückung und ſah, wie ſein Söhnlein ſeine Kurzweil und Luſt übte. Wenn ich aber heimkam und vor dem Kachelofen ſaß, um mich wiederum zu trocknen, hei, wie prügelte er den betrübten Barthelmewes, denn mein Vater war ein gar choleriſcher (reizbarer) Mann. Des Sommers badete ich mich mit meinen Kameraden dort, wo jetzt meine Scheuer

---

[1]) Neuencamp.
[2]) Das iſt ein Genußmenſch.
[3]) Schüler.

ift, am Strande; das sah mein Ohm, der Bürgermeister Nikolaus Schmiterlow, aus seinem Garten hinter seiner Scheune und zeigte es meinem Vater an; der kam mit einer guten Rute des Morgens in die Kammer vor mein Bett, und da ich noch schlief, neſtelte er ſich mittlerweile auf und redete laut, daß ich erwachen ſollte. Als ich dann erwachte und ihn vor mir ſtehen und auf dem Nebenbette die Rute liegen ſah, verſtand ich wohl, was die Glocke ge= ſchlagen hatte; da fing ich an, mit bitterlichem Weinen zu flehen und zu bitten. Er fragte, was ich getan hätte. Ich gelobte, ich wollte mein Lebtage am Strande nicht mehr baden. „Ja, Junker,“ ſagte er — wenn er mich ihrzte und Junker hieß, wußte ich wohl, daß die Sachen zwiſchen ihm und mir übel ſtanden —, „habt ihr gebadet, ſo muß ich mit der Queſte (Badwedel) ſtreichen.“ Dabei ergriff er die Rute, warf mir die Kleider über den Kopf und lohnte mir nach Verdienſt.

Meine Eltern erzogen ihre Kinder gut; doch war mein Vater etwas hitzig, und wenn die Hitze überhand nahm, konnte er kein Maß halten. Einmal erzürnte er ſich über mich; er ſtand im Stalle, ich aber unter der Türe des Stalles; da erwiſcht er die Heugabel und wirft ſie nach mir. Ich wich dem Wurf aus, der ſo heftig war, daß die Gabel in einen eichenen Badſtubenſtänder ſo tief eindrang, daß man ſie mit Gewalt herausziehen mußte.... Die Mutter aber, die überaus glimpflich und holdſelig war, ſprang — von den Kindern unbemerkt — hinzu und ſagte wohl: „Schlag beſſer zu, der verzweifelte Bube hat es wohl verdient,“ und dabei faßte ſie ihn am Arm und an der Hand, in der er die Rute hatte, daß er nicht zu hart zuſchlagen konnte. Solche Kinder= zucht wollen auch meine Kinder gegen die ihrigen zu ge= brauchen lernen, daß ſie nicht mit allzuharter Strafe ihren Kindern an der Geſundheit Schaden tun, noch ſie ein= ſchüchtern oder mit zu vieler Lindigkeit, wie die Affen aus großer Liebe ihre Jungen erdrücken, nicht verziehen und Füllen aufziehen, die ſie ſelbſt vor die Schienbeine ſchlagen.

Der Rektor der Schule, Matthias Braſſanus, hielt dar= auf, daß alle Schüler während der Predigt in der Kirche bleiben mußten. Ich und meine Altersgenoſſen und ſonſtigen Geſellen deſſelben Schlags verſtanden es, uns fein unvermerkt aus der Kirche zu machen; wir kauften Pfefferkuchen, gingen damit in eine Branntweinkneipe, und gegen Ende des Gottesdienstes, wenn die Schüler wieder nach der Schule gingen, stellten wir uns auch wieder ein. Und als wir einmal des Branntweins zu viel zu uns genommen hatten, so daß ich alles, was ich im Leibe hatte, oben und unten in der Schule von mir geben mußte, weder auf den Füßen stehen noch ein Wort sprechen konnte, mußten mich große Jungen aufheben und nach Hause tragen; meine Eltern, die meinten, es müsse mich eine schwere, gefährliche Krankheit befallen haben, behandelten mich gut, bis ich wieder hergestellt wurde. Hätten sie aber, und gleicherweise mein Lehrer, die wahre Ursache der Krankheit gewußt, so wäre die Behandlung etwas weniger gut gewesen, wie sie es denn nicht eher erfuhren, als bis ich der Rute entwachsen war. Es hat gleichwohl bei mir das Gute gewirkt, daß ich seither den Branntwein nicht habe riechen, viel weniger habe trinken können.

Jürgen Schmiterlow und ich, da wir fast Altersgenossen und nahe Verwandte waren, deren Eltern nicht weit voneinander wohnten, waren täglich beieinander und spielten, wie Kinder pflegen. Da schnitt er mir mit einem Messer oben in der rechten Hand zwischen Daumen und Zeigefinger eine ziemlich lange Wunde, daran man eine Weile heilen mußte, wie solches die Narbe noch jetzt deutlich zeigt.

Ich schnitt einmal mit einem böhmischen Schnitzmesser an einem kleinen Klötzlein; da reißt mir meine Schwester Anna, Herrn Peter Frubosen sel. nachgelassene Witwe, das Klötzlein aus der Hand; als ich ihr dasselbe wieder entreißen will, stoße ich mir den böhmischen Schnitzer am rechten Schenkel ins dicke Fleisch bis an die Schale. Meister Joachim Gellhart, der berühmte Chirurg, heilte mich, nachdem er mit dem Punkteisen erforscht, wie tief die Wunde wäre, und das geronnene Blut herausgeholt hatte, unter einem Kohlblatte mit feuchten Umschlägen. Wie es nun fast heil war, so daß ich ziemlich wieder gehen konnte, ging ich mit meinen Genossen — denn Bartholomäus konnte nicht stillsitzen — ins Heinholz und verdarb den Schenkel, daß es mit ihm viel schlimmer ward, als es vor 14 Tagen gewesen war. Den andern Tag humpelte ich, so gut als ich konnte, zum Chirurgen, der bald sah, wie ich's gemacht hatte; er war übel mit mir zufrieden, daß seine Arbeit verlorene Mühe gewesen, die er ganze vier Wochen an mich gewendet hatte. Wenn er es auch meinen Eltern, insbesondere meinem Vater, gesagt hätte, wäre meiner übel gewartet worden.

Sechstes Kapitel.

Wie der Vater sein Vermögen verlor. — Umbau des Hauses [1]).

Meines Vaters Haus war noch sehr unfertig; dazu war eine Bude darin eingebaut, der Eingang war dicht am Brunnen. In der Bude wohnte ein Müller, Lewark genannt, der hatte viele ungezogene Kinder, die weinten Tag und Nacht. Des Morgens, wenn der Tag anbrach, fingen die jungen Lerchen [2]) an zu zirpen; das währte dann den ganzen Tag, daß man davor weder sehen noch hören konnte. Darum jagte mein Vater die alten Lerchen mit ihren jungen „Lewarken" hinaus, riß die Bude weg und griff den Bau des ganzen Hauses mit Ernst, großer Arbeit und vielen Unkosten an.

Denn meine Eltern bekamen von Greifswald, dieweil meine Mutter alles zu Geld machen mußte, eine ziemliche Barschaft, so daß viele Leute meinen Vater den „reichen Mann in der Fährstraße" nannten; es wurde aber in wenigen Jahren der Ruf seines Reichtums unter den Leuten gar unsicher, woraus denn meinen Eltern große Sorge und Geldversplitterung, auch für ihre Kinder Schaden und Nachteil entstand.

Es waren nämlich damals in Stralsund zwei Weiber, die man nicht unbillig die „Schadenträgerinnen" nannte. Die eine hieß Lubbeke, die andere Engele, die wohnten alle beide in der Oltbusser Straße, kauften von meinem Vater allerlei Tücher, die sie wieder an andere Leute verkauften, man wußte aber nicht, an wen; sie liehen auch

---

[1]) Teil I, Buch 2, Kap. 10—13.
[2]) Lewark plattdeutsch = Lerche.

Geld bis zu 50, 100, 150 Talern, sagten aber nicht, zu wessen Bestem sie die entliehen; wenn sie gefragt wurden, von wem sie das Geld holten, antworteten sie: „Vom reichen Manne in der Fährstraße." Der Taler galt damals 28 Lüb. Schill.; ich nehme an, daß sie den Taler auf die Zeit, auf die sie miteinander übereinkamen, mit 28½ Lüb. Schill. erstatten mußten. Ebenso wurde es mit dem Kaufgelde der Tücher auch vereinbart. Bisweilen zahlten sie wohl etwas ab, aber wenn sie etwa 100 Gulden entrichteten, so nahmen sie stracks wiederum für 200 oder mehr Gulden Tücher. Solcher Handel gefiel meiner Mutter gar nicht recht, denn sie sah wohl, daß, wenn der Vater sein Geld um die gewöhnliche Rente von 5 aufs Hundert austäte, dasselbe ungleich mehr bringen würde; auch sagte ihr ihr Herz, die Weiber würden den Vater schließlich betrügen, wie auch geschah. Sie flehte, bat und mahnte, manchmal auch unter heißen Tränen, ließ ihn auch durch die Prediger, Knipstrow u. a. ermahnen, er sollte doch aufhören, mit den Weibern zu handeln. Als nun die Forderung sehr groß wurde, die Weiber nicht 20 Gulden zu bezahlen vermochten und er wissen wollte, wohin sein Gut gekommen wäre, befand sich's, daß er bei seines Gewandschneiders — Hermann Brusers — Weibe, die ein stattliches Ausschnittgeschäft führte — denn sie verkaufte das Tuch im Ausschnitt wohlfeiler als andere Tuchhändler —, 1725 Gulden und bei der Leveling 800 Gulden verlor.

(Daraus entstand ein Prozeß, der durch alle Instanzen bis zum Reichskammergericht geführt, über 34 Jahre währte und weit größere Kosten verursachte, als das Streitobjekt betrug. Das Ergebnis faßt Sastrow also zusammen:)

Die Hauptschuld belief sich auf 1725 Gulden; Ausgaben, die er Bruser ersetzte, 164 Gulden, seine eigenen aufgewandten Kosten haben mehr als 1000 Gulden betragen. Was ist das lucrum cessans[1]? Daß mein Vater sein Geld auf 40 Jahre entraten mußte; dazu die bemerkenswert große Ungelegenheit, die aus dieser Sache meinen Eltern und ihren Kindern entstanden ist: ich habe mein Studium

---

[1] Lucrum cessans ist ein Verlust, der in der Einbuße des Gewinns besteht.

aufgeben müssen, und mein Bruder Johannes ist ums Leben gekommen, so daß man im Grunde sagen muß, der Ausspruch Hesiods: Dimidium plus toto (die Hälfte ist mehr als das Ganze) reimt sich nicht übel auf den rechtlichen Prozeß, sonderlich des Kaiserlichen Kammergerichts, daß es viel nützlicher wäre, man nähme im Anfang die Hälfte, als daß man durch Erkenntnis des Kammergerichts das Ganze erhalte.

(Ausführlich erzählt hierauf Sastrow im 12. Kapitel, wie der Levelingsche Handel verlief; als Nutzanwendung für die Kinder aber erstattet er ausführlichen Bericht über die traurigen Lebensschicksale aller in den Prozeß verwickelten Personen, die die Betrüger durch Meineide und lügenhafte Aussagen unterstützten oder durch rabulistische Künste die einfache Rechtslage verwirrten und immer neue Mittel fanden, den Prozeß hinauszuziehen. Darauf kehrt er zurück zur eigenen Lebensgeschichte:)

Da mein Vater im Verlaufe des Umbaus in allen Winkeln das Oberste zu unterst kehrte, mußte ich bei ihm sein und, wo er mir etwas zu befehlen hatte, es verrichten. So schickte er mich einmal nach Hause, ihm und den Zimmerleuten den Imbiß zu holen. Nun hatten die Zimmerleute auf einem vorderen Boden den Schornstein niedergerissen und neben denselben oben auf dem Boden, wo sie arbeiteten, Bretter über die Balken gelegt; doch reichten die Enden der Bretter nicht über die Balken hinaus; hart am Schornstein hatten sie viele eiserne Nägel niedergelegt. Als ich nun mit dem Essen zu ihnen hinaufkam und das Ende des Brettes, das nicht auf dem Balken lag, erreichte, wippte das andere Ende in die Höhe; die eisernen Nägel flogen um mich her; ich aber fiel von dem einen Boden auf den andern, dicht an dem aufgebrochenen Schornstein herab; es hätte leicht geschehen können, daß ich in den Schornstein vollends hinab bis auf den Flur gestürzt wäre. Ich fiel den rechten Ellbogen nicht allein aus dem Gelenk, daß der auswendige Knochen nach innen — nur die Haut bedeckte ihn noch — zu stehen kam, sondern scheuerte mir auch den Arm vor dem Ellbogen auf. Ich wurde nach Hause gebracht; meine Mutter ging mit mir zu Meister Joachim Gellharts Haus. Der war nicht zu Hause, und da ich gleichwohl sollte verbunden werden, brachte sie mich zum Barbier am alten

Markte. Der verband mir den Schaden vor dem Ellbogen wohl, aber daß der Arm aus dem Gelenk sei, beachtete er nicht; er blieb uneingerichtet. Den andern Tag, als Meister Joachim Gellhart zu Hause war und zu mir kam, erkannte er den Schaden bald und sah, daß mir der Arm gar dick verschwollen war. Nun ergriff er den Arm, wie es nötig war, und drehte ihn so weit herum, daß er wieder in seine richtige Lage kam. Da er vor dem Ellbogen abgescheuert, im Ellbogen aus dem Gelenk und geschwollen war, so glaube ich, kann niemand ermessen, der's nicht erlebt hat, was das Wiedereinrichten für Schmerzen machte. Ich erlitt solche Qualen, daß mich dünkt, ich könnte es noch nicht vergessen....

Aus dem Gange wurden alle Balken ins Haus geführt und unordentlich übereinander geworfen; ich stieg auf dieselben, hatte in der linken Hand einen Hammer und klopfte damit auf einen Balken, der schlug um zwischen die andern Balken und klemmte mir das rechte Bein. Ich schrie vor großem Schmerze und konnte nicht loskommen; meine Mutter war zu schwach, mir zu helfen, fürchtete, daß das Bein mir ganz zermalmt wäre, lief zum Haus hinaus und rief Bauernknechte und Träger zu Hilfe. Die schafften mir das Holz vom Beine weg. Da nun meine Mutter sah, daß das Bein unverletzt war, erzürnte sie, daß sie mit mir soviel Angst und Mühe hatte, und „verdrosch" mir den Rücken gründlich, soviel sie mit der Hand vermochte....

Im Jahre 1533 ward mein Vater auf dem Gewandhause zum Aldermann der Gewandschneider[1]) gekoren (gewählt)....

Siebentes Kapitel.

Von Jürgen Wullenwebers, des Bürgermeisters zu Lübeck, aufrührerischem Regiment und dem großen Aufruhr zu Stralsund[2]).

Das Kirchenregiment war in Stralsund wohl bestellt; das Evangelium wurde, ungefährdet durch Landesfürst und

---

[1]) Vorstand der Gilde der Tuchwarenhändler.
[2]) Teil I, Buch 3, Kap. 1—12, 17, 23.

Rat, in allen Kirchen gepredigt; zwischen Schmiterlow und Roloff Moller war durch Vertrag der Friede bekräftigt, weshalb auch Moller wieder in die Stadt gelassen wurde.

Aber solcher friedsamer Zustand währte nicht lange. Denn gemeine Bürgerschaft zu Lübeck, Rostock, Stralsund und Wismar wurde in Aufruhr gebracht und ein jeder wider seine Obrigkeit aufgewiegelt, dadurch, daß Herr Jürgen Wullenweber, Bürgermeister zu Lübeck, mit seinem Gehilfen Marx Meyer bald nach dem Tode des Königs Friedrich von Dänemark den Herrn Christian Herzog zu Holstein in offenem Kriege angriff, ja das Königreich Dänemark zu erobern beabsichtigte. Zu Lübeck setzten sie die alten Herren des Rates ab, die ihre aufrührerische Handlung nicht billigten, auch nicht glaubten, daß sie gemeinen Städten nützlich sei, sondern dafür hielten, daß sie ihnen vielmehr zu merklichem Nachteil gereichen würde, erwählten einen neuen Rat aus Männern ihres Schlages und verstärkten sich durch 60 aus der Bürgerschaft.

Marx Meyer war ein Schmiedeknecht, ein guter Hufschmied; infolgedessen hatte er unter den Reisigen etliche Züge mitgemacht, ein herrlicher, lang aufgeschossener und schöner Mann. Unter den Reitern und vor dem Feind hielt er sich wohl, und zwar dermaßen, daß er nicht allein zu den vornehmsten Kriegsämtern berufen, sondern auch im Reiche England zum Ritter geschlagen ward und eine ansehnliche Barschaft gewann. Je höher er stieg, desto hoffärtiger und stolzer wurde er, kleidete sich ansehnlich, stellte seinen ritterlichen Stand in köstlichen Kleidern, goldenen Ketten, goldenen Ringen, stattlichen Gäulen und vielen Knechten zur Schau, wie denn die, welche geringer Herkunft sind, im Glück kein Maß zu halten wissen. Was vornehm war, begehrte nach seiner Bekanntschaft; reiche, vornehme junge Weiber, denen man's wohl nicht hätte zutrauen sollen, entbrannten in Liebe zu ihm, wie er auch sie nicht vernachlässigte. . . .

Im Jahre 1534 im Juni, da die Räte in den Wenden-Städten wohl sahen, daß der Krieg einen schrecklichen Ausgang haben werde, sie auch ohnedem dem frommen Herzog zu Holstein im Bösen sich nicht widersetzen wollten, schrieben sie einen Tag nach Hamburg aus, ob sie vielleicht die hoffärtigen Köpfe Wullenwebers und Marx Meyers brechen und sie bereden könnten, Frieden zu halten. Aus dieser Stadt (Stralsund) wurde Herr Nikolaus Schmiterlow, der Bürgermeister, geschickt, der, als er fand, daß Wullenweber bei seinem stolzen, hoffärtigen Kopfe halsstarrig beharrte und sich auch auf günstige Friedensbedingungen nicht bereitfinden lassen wollte, vom Kriege abzustehen, von ihm und seinem Mitgesellen Marr Meyer das prophetische Wort sprach: „Herr Jürgen, ich habe bei vielen Geschäften mitgewirkt, habe aber nie gesehen, daß man in ernsten Sachen so verfährt, wie Ihr tut; Ihr werdet mit dem Kopfe an die Mauer rennen, daß Ihr auf den Hintern werdet zu sitzen kommen." Auf solche Rede steht Wullenweber in großem Zorne auf und geht aus der Städteversammlung in seine Herberge; er und Marx lassen stracks satteln und zäumen und reiten nach Lübeck zurück.

Sofort und in Eile läßt er seinen neuen Rat und die 60 zusammenrufen; die beschließen flugs den „eilenden" [1]) Krieg und heben Truppen aus...; er schickt auch eilends einen aufrührerischen Buben, Hans Holm genannt, mit mündlichen Werbungen, auch mit Briefen an die Stralsundischen Aufrührer und die 48, ungefähr dieses Inhalts: „Er, Wullenweber, hätte sich's mit Fleiß angelegen sein lassen, Fürstentümer, ja Königreiche an die Städte zu bringen, woran ihm ihr Bürgermeister Schmiterlow hinderlich gewesen sei. Deswegen habe er sich von den Gesandten (der Städte) getrennt, denn der Krieg dürfe darum, daß Schmiterlow ihn widerraten habe, nicht unterlassen werden; sie würden auch wohl wissen, was sie zu tun hätten, und sie sollten auch nicht lange säumen oder sich weit umsehen."

Dadurch wurde die ganze Bürgerschaft wider Schmiterlow aufgehetzt; die 48 liefen zum Bürgermeister Lorbeer — denn der beneidete Schmiterlow heimlich, besonders deswegen, weil er ihm vorgezogen wurde —, klagten darüber, daß Schmiterlow zum Frieden geraten habe, während doch die Städte durch den von Lübeck angefangenen Krieg zu großem Ansehen und Glück kommen könnten. Lorbeer streifte mit der rechten Hand den linken Arm und gab ihnen die

---

[1]) D. h. sofortigen Krieg ohne vorherige Ansage.

gewundene Antwort: „Es wird zuviel, ich kann ihm nicht helfen." Das deuteten die 48 dahin, Schmiterlow mache sich so vieler strafwürdiger Vergehungen schuldig, daß er ihn nun nicht mehr verteidigen noch entschuldigen könnte. Lorbeer aber wußte es fein also zu deuten: „Der Feinde und Hasser Schmiterlows würden zu viele, und sie brächten so vielerlei Klagen wider ihn vor, daß er sich zu schwach fühle, ihm zu helfen." ...

Wie nun Herr Nikolaus Schmiterlow nach Hause kam, da fing das angelegte und bereits glimmende und von Lorbeer geschürte Feuer lichterloh zu brennen an: der eine verkündigte es dem andern: „Klaus Friedemacher" wäre nach Hause gekommen. Ihm ward auferlegt, der ganzen Bürgerschaft — die des Morgens um 6 Uhr aufs Rathaus zusammengefordert wurde — Rechenschaft zu geben; alle Stadttore wurden geschlossen, alles Feldgeschütz wurde aus dem Zeughaus ... auf den alten Markt geführt und in Ordnung nebeneinander gestellt, und es war in der Stadt ein solches Laufen und Rennen, daß es erschrecklich und hochverwunderlich anzusehen war.

Auf dem Rathaus war solch ein Getümmel, daß man weder sehen noch hören konnte, sonderlich als der Bürgermeister berichtete, daß er den kriegerischen Anschlägen Wullenwebers widersprochen hätte. Da fing man an zu schelten, zu schmähen und zu fluchen, als wären sie alle und ein jeder voll Meerkatzen gewesen, sie wollten den Bürgermeister zum Fenster hinauswerfen; einer schmeißt mit einem Handbeil nach dem Ratsstuhl; Henning Katzkow, ein ehrlicher, frommer Mann, sprang dem Wurf entgegen und fing ihn auf, wodurch er an seinem Leibe schwer verwundet wurde. Ein anderer trat hervor und sagte zum Bürgermeister: „Du Bösewicht, du hast mich einmal wider Gott und Recht um 20 Gulden geschatzt, jetzt soll dir's vergolten werden"; und als der auf die Frage des Bürgermeisters: „Wie heißest du", seinen Namen Barveman nannte, bekannte der Bürgermeister, daß ihm, als er damals als Stadtvogt 20 Gulden von ihm empfangen habe, unrecht geschehen sei; „denn, wenn dir Recht widerfahren wäre" — sagte der Bürgermeister — „hättest du am lichten Galgen verdorren müssen; ein hoher Rat aber hat dir Gnade bezeigt, dir das Leben geschenkt und 20 Gulden von dir zu nehmen befohlen; die habe ich von dir empfangen. Ich habe sie aber nicht in meinem Nutzen angewendet, sondern für die Stadt ausgegeben und laut meinen übergebenen Registern verrechnet." Der Kerl verkroch und versteckte sich unter den Bürgern, daß man nicht gewahr wurde, wo er blieb.

Vor allen standen die Bettler, denen der Bürgermeister manchmal vor seiner Tür Almosen hatte geben lassen, auf dem Markte unter dem Rathause und schrien hinauf: „Werft Klaus Friedemacher herab, wir wollen uns mit seinen Stücken werfen." Darauf fragte Blomenow oder ein anderer der 48: „Liebe Bürger, was sagt ihr dazu?" Der große Haufe, der nicht verstand, ja nicht wohl hörte, was gefragt wurde, antwortete: „Ja, ja." Ein anderer rief: „Worauf ruft ihr denn ja, ja? Es wurde gefragt, ob ihr Landschatzung (Grundsteuer) geben wollt." Da riefen ungleich mehr, denn zuvor ja, ja gerufen hatten: „Nein, nein." Kurz: der Teufel ging auf Stelzen einher!

Als sie nun mit dem ehrlichen, schon ziemlich alten und wohlverdienten Manne, ihrem ältesten Bürgermeister, von 7 Uhr morgens bis 7 Uhr abends das Leidensspiel wohl gespielt hatten, legten sie ihm ernstlich auf, in sein Haus zu gehen und darin zu bleiben. In gleicher Weise legten sie auch meinen Vater als Tochtermann des Bruders des Herrn Bürgermeisters und den Joachim Rantzau in Haft, den letzteren darum, weil er nur die Worte gesagt hatte: „Ei, man sollte doch etwas gemächlicher verfahren und die Leute zur Antwort kommen lassen."

Und alsobald wurde beschlossen, Kriegsleute auf die Orlogschiffe [1]) anzunehmen, auch Tag und Nacht Wache in und außerhalb der Stadt zu bestellen. Denn vor und um Schmiterlows Hause wurde gar starke Nachtwache gehalten; sie schossen durch die Haustür hinein und durch das Flurfenster wieder hinaus, also daß er mit Weib und Kindern in großer Sorge, Gefahr und Schrecken im Bette liegen und tätlichen Überfalls stündlich gewärtig sein mußte.

Das Wasser- oder Schiffsgeschütz wurde in großer Anzahl

---

[1]) Kriegsschiffe der Hanse.

hinab in die Orlogschiffe gebracht, die Schiffe mit Kriegsleuten und was dazu gehört, besetzt und seewärts den Lübischen zu Hilfe abgefertigt.

Den Montag nach Johannis (29. Juni) wurden zwei Bürgermeister, Herr Joachim Prütze, gewesener Stadtschreiber, ein frommer, ehrlicher, verständiger Mann, und Herr Johann Kloke, auch sieben Bürger, alle — ausgenommen Herrn Johann Senckestacke — reine Laien und zumeist schlichte, ehrliche Leute, in den Rat gewählt; darunter Herr Johann Camme, ein guter, schlichter Mann, der, wenn Leute, sonderlich Handwerker, zu ihm kamen und klagten, wie es ihnen und in ihrem ganzen Amte (Beruf), besonders bei so wüstem Regiment, ginge, sie tröstete und sagte: sie sollten zufrieden sein, es wären ihrer sieben feine Männer in den Rat gewählt, es sollte wohl bald anders werden. Der gute Mann war selbst eine „alte Einfalt".

Mein Vater wurde in seiner Haft fünfviertel Jahr, also fast bis zur Hälfte des Jahres 1535 gehalten, ihm zu empfindlichem großen Schaden. Denn er hatte für die bevorstehende Schonenreise — damals war in Falsterbo mit dem Einsalzen von Häringen ein großer Betrieb — seine Keller und den Flur des Hauses voll Lüneburger Salz, Rotscher (eine Art Kabljau) und Spurten (Kehlstücke von Stockfischen usw.) liegen, desgleichen voll Tücher allerlei Art; er durfte aber nicht über die Schwelle gehen, auch durfte niemand mit ihm reden. Er saß also alles Erwerbs ledig daheim.

Meine Mutter ging um diese Zeit schweren Fußes mit meiner jüngsten Schwester, die sie zu Michaelis gebar (siehe oben S. 16). Als sich nun die Zeit erfüllte, daß sie gebären sollte, bat mein Vater beim Rat und den 48, ihm zu gestatten, so lange in die Nachbarschaft zu gehen, bis sie entbunden sei; es wurde ihm aber abgeschlagen. Er mußte durch's Bodenfenster über die Rinne auf des nächsten Nachbarn Boden steigen und daselbst so lange verharren, bis meine Mutter von ihrer fraulichen Last entbunden war. Zu seinem Kinde Gevattern zu bitten, wurde ihm auch abgeschlagen.

Jürgen Wullenweber mit seiner aus den Wendenstädten gesammelten aufrührerischen Rotte zog wider den Feind zu Wasser und zu Lande, und sie stritten hart gegeneinander. Aber obwohl die Städte noch so stark im Felde waren und immer zwei Mann gegen einen Holsteiner hatten, behielt der Herzog von Holstein gleichwohl das Feld. Da sie daraus leicht abnehmen konnten, daß in dem unnötigen aufrührerischen Wullenweberschen Kriege auf ihrer Seite ganz und gar kein Glück sei, ja unser Herrgott selbst wider sie kriegte, wurden sie kleinmütig und hätten wohl gewünscht, daß sie das leidige Schaf[1]) nicht gesehen hätten, und verfielen in gar schwermütige Gedanken. Denn auf der einen Seite sahen sie Gottes Ungnade und das „widerwärtige" Glück, auf der andern Seite drohte ihnen Schimpf, Hohn und Schande, auch große Gefahr — einem jeden bei den Seinen —, so daß das Ansehen der 48 löcherig und ihre Gewalt in Ohnmacht und äußerste Verachtung gewendet ward. Sie fühlten also den Wolf an ihren Ohren und wußten seiner ohne Gefahr nicht los zu werden, deshalb kamen sie überein, ein anderes Haupt als Wullenweber zu suchen und mit Herzog Albrecht von Mecklenburg in Verhandlungen zu treten; ihm wollten sie das Königreich Dänemark versprechen und sich verpflichten, ihn mit aller Macht ins Land zu bringen und darin zu erhalten.

Darauf zogen die Gesandten von Lübeck, Rostock und Stralsund nach Wismar und verhandelten außer mit dem Rat von Wismar auch mit dem Herzog von Mecklenburg acht Tage lang und verschrieben ihm versiegelt und verbrieft das dänische Königreich. An den Brief hingen die Lübecker, Rostocker und Wismarer ihrer Städte Majestätssiegel und schickten ihn nach Stralsund, damit er dort gleicherweise besiegelt würde.

Der Rat zu Stralsund widerriet die Besiegelung, aber die 48 wollten ihres Rates getreuem und nützlichem Rate nicht folgen, sondern vertrauten mehr der schriftlichen Großsprecherei und den hohen Zusagen Lübecks, für die sie aufsetzen wollten Leib, Habe, Gut und alles, was sie konnten. Sie brachen mit Gewalt das Schap (den Kasten) auf, darin

---

[1]) Wullenweber.

der Stadt großes Majestätssiegel verwahrt war, und hängten es an den Brief; darauf schickten sie ihn nach Wismar zurück. Als man nun sah, daß der Brief vollständig besiegelt sei, ließ der Herzog von Mecklenburg die Gesandten von Lübeck, Rostock, Stralsund und einige Männer aus dem Rate zu Wismar einladen, den andern Tag zu Mittag bei Seiner Fürstlichen Gnaden zu essen und alsdann auch den besiegelten Brief Seiner fürstlichen Gnaden zuzustellen.

Die Abgesandten von Stralsund setzten es bei den Lübischen und Rostocker Gesandten durch, daß ihnen morgens in der Frühe verstattet wurde, den Brief zu besehen. Da entlehnte Herr Christoph Lorbeer von Herrn Franz Wessel sein Taschenmesser, schnitt das Stralsunder Siegel vom Briefe, ließ stracks anspannen, und so fuhren sie eilends davon, daß sie wohl den halben Weg nach Rostock schon zurückgelegt hatten, ehe die Lübischen, Rostocker und Wismarer zu Tische gingen.

Gleichwohl aber zog auf hohe Zusagen und teure Versprechungen hin Herzog Albrecht nach Dänemark und hielt in Kopenhagen mit allem seinem Hofgesinde, seiner Gemahlin, dem Frauenzimmer[1]), Pferden und Hunden als ein gewisser, unzweifelhafter König seinen Einzug.

Diese kecke oder besser und im eigentlichen Sinne vermessene Tat Lorbeers wird von ihm selbst, seinen Kindern und seinem ganzen Geschlechte sehr gerühmt; sie breiten es aus, und jedermann in und außer der Stadt, ja in und außer dem Lande muß es wissen.... Aber verständige Leute werden es mehr für unbedachtsame Vermessenheit als männliche Tapferkeit halten.... Glaubt denn Lorbeer mit seinem Anhang, daß Herzog Albrecht, wenn er König in Dänemark geworden und geblieben wäre, den Schimpf, der ihm von den Stralsundischen Gesandten durch Abschneiden des Siegels widerfahren war, würde ungerochen gelassen haben? Sollte er nicht zum wenigsten den Sund den Einwohnern dieser Stadt geschlossen und ihren Handel in andern Königreichen und Landen gehindert haben? Wie würde gemeine Bürgerschaft Lorbeer gedankt haben, wenn er durch solche dummkühne Handlung wie Abschneiden des Siegels, das

---

[1]) D. i. den weiblichen Hofstaaten.

doch die 48 und gemeine Bürgerschaft an den Brief gehängt hatten, solch großen Schaden und Nachteil verursacht hätte? ...

Der Bürgermeister, Herr Nikolaus Schmiterlow, hielt sich in seiner Haft gar still und geduldig, bekümmerte sich um das, was in und außerhalb der Stadt geschah, nicht im mindesten, sondern las fleißig in der Heiligen Schrift, vertrieb sich mit emsigem Beten die meiste Zeit, und den Psalter Davids lernte er gebetsweise ganz auswendig. Ich habe in Wahrheit — da ich doch fast alle Tage in seinem Hause war — von ihm gegen die aufrührerische Bürgerschaft oder seine Feinde die ganze Zeit über nicht ein hartes Wort, viel weniger Fluchen oder Schelten gehört, sondern er sagte wohl: „Es sind meine Mitbürger; ich muß es meinen Kindern zugut halten; unser Herrgott wird sie noch bekehren."

Mein gnädiger Fürst und Herr, Herzog Philipp, schickte Gesandte herein an den Rat und die 48 mit der Forderung, daß sie ihren Bürgermeister seiner langen Verstrickung entledigen sollten. Nachdem man sie angehört hatte, wurden sie in ihre Herberge verwiesen mit der Vertröstung: was auf ihre Werbung beschlossen würde, sollte ihnen in ihrer Herberge mitgeteilt werden. Als nun nach langer Beratung die Antwort beschlossen war, wurde mit derselben ihr Wirt, Herr Hermann Meyer, und Herr Nikolaus Rode, beides ungelehrte, schlichte, unberedte Leute, abgefertigt.... Als sie zu den Räten auf die Stube kamen und Herr Hermann Meyer zu reden anfangen wollte, erschrak und verstummte er, ließ seinen Kollegen stehen und lief eilends zurück, die Stiege herunter.... Wie er sich aber etwas erholt hatte und wieder in die Stube kam, brauchte er gar keine Entschuldigung, unterließ, die fürstlichen Gesandten mit ihren Titeln anzureden, kümmerte sich um keine Einleitung, sondern schritt stracks zur Sache, nämlich: „Ein Rat und 48 im Namen der ganzen Bürgerschaft hätten beschlossen und ihnen befohlen, den Gesandten diesen Bescheid zur Antwort zu überbringen: sie hätten ihren Bürgermeister, ohne den Fürsten zu fragen, in Haft gelegt, sie wollten ihn auch ohne den Fürsten wohl wieder herauslassen." ...

Gleichwohl hatte die fürstliche Gesandtschaft soviel gewirkt, daß zuerst mein Vater aufs Rathaus vor den Rat und die 48 gefordert und ihm angezeigt wurde, daß die ganze gemeine Bürgerschaft beschlossen habe: wenn er von seiner Verstrickung frei sein wollte, sollte er zur Strafe 100 Mark geben. Mein Vater fragte, was er getan hätte, daß er gestraft werden sollte, er wüßte sich keiner strafwürdigen Handlung zu erinnern, sondern das wüßte und fühlte er wohl, daß er durch die unverdiente Haft in merklichen großen und unersetzlichen Schaden, Verhinderung seines Handels und nicht geringe Beschwerung wäre geführt worden. Darauf bekam er die Antwort: es hülfe kein Disputieren, 100 Mark sollte er geben oder vor den großen Haufen gestellt werden.... Mein Vater, der das zweijährige Regiment des Herrn Omnes mit Schmerz und Wehklagen ertragen hatte, ließ sich 100 Mark abtrotzen und abdringen, obgleich sich bis zum heutigen Tage keine andere Ursache seiner beschwerlichen Haft hat finden lassen, denn daß mein Vater des Bürgermeisters Schmiterlow Bruderstochter zur Ehe hatte....

Nicht lange danach schickte man auch zum Bürgermeister, Herrn Nikolaus Schmiterlow, zwei Ratspersonen, Herrn Nikolaus Rode und Herrn Nikolaus Bolten, mit einem Briefe und zeigte ihm an, wenn er sich dem unterwerfen und den Brief in Gemeinschaft mit zwei seiner nächsten Verwandten besiegeln würde, so könnte er aus seiner zweijährigen Verstrickung und der ihm drohenden großen Gefahr entlassen werden. Inhalt des Briefes war, daß er bekannte, daß er an dieser Stadt verräterisch und wie ein meineidiger Bösewicht gehandelt habe und sich seines bürgermeisterlichen und Ehrenstandes enthalten wolle.

Die beiden Ratspersonen stellten die vorhandene Gefahr als schrecklich und sehr groß dar; die Bürgermeisterin bat unter Vergießung heißer Tränen, er sollte sich solchem Schreiben unterwerfen, unser Herrgott würde ihn einstmals erhören und erretten — damit nur die unsinnigen Leute etwas möchten beruhigt werden. Er willigte schließlich darein und mutete meinem Vater zu, den Brief mit zu untersiegeln. Als aber mein Vater sich dessen mit den Worten geweigert hatte: „Ich will mit meinem Siegel Euch nimmermehr ehrlos machen," wurden seine beiden Tochtermänner durch die Tränen der Mutter dazu bewogen. Darauf wurde der Brief versiegelt, und der Bürgermeister ging mit den beiden Personen des Rats, seinen beiden Tochtermännern und meinem Vater nach dem Rathaus; in der St. Nikolaus-Kirche trat er in den Stuhl, der damals dem „großen Christoph" (Lorbeer) gehörte, kniete nieder, sprach ein kurzes Gebet, stand auf und ging auf das Rathaus, wo er einen Ehrbaren Rat und die 48 im Sommerhause (in der Laube) beieinander fand. Herr Christoph Lorbeer forderte ihn auf, sich in den Ratsstuhl auf seinen Platz zu setzen; er aber weigerte sich dessen, indem er sagte: er hätte heute einen Brief besiegelt, der klinge nicht so, daß er sich an den Ort setzen dürfte. Weil man aber nicht abließ, ihn zu bitten, daß er in den Stuhl käme, ging er hinein, setzte sich und redete also: er hätte hundert und mehr Tagereisen . . . zum Nutzen dieser guten Stadt geleistet; wenn man beweisen könnte, daß er einen Gulden zuviel verzehrt habe, den man sonst wohl habe sparen können, . . . so wollte er neben seinem Leibe all sein Gut, soviel er in der Welt hätte, verwirkt haben. Aber dieweil es sich so gewendet habe, begehre er zu wissen, ob man ihn auch wie andere Bürger wolle beschützen, ingleichen, ob er zur Kirche, zur Brücke, zum Markte sicher gehen, seinen Kaufmannshandel und sein Gewerbe ungefährdet betreiben könnte. Nachdem ihm dieses mit ja beantwortet worden war, stand er auf, wünschte einem Ehrbaren Rat glückselige, friedsame Regierung und ging mit den Seinen nach Hause.

So blieb es mit ihm bis zum Jahre 1537. . . . Er war gar guten Muts, ließ Rat und 48 regieren; er getröstete sich seines guten Gewissens und wartete seines Hauses; wenn's Zeit war, ging er fleißig in die Kirche, des Sommers bei gutem Wetter fuhr er auf seine Landgüter, nahm seine Töchter und ihre Männer, auch meine Eltern und ihre Kinder mit und war mit ihnen fröhlich und guter Dinge.

(Nachdem Sastrow im 16. Kapitel von der Vertreibung des Herzogs von Medlenburg aus Dänemark und der Krönung des Herzogs Christian von Holstein zum König von Dänemark berichtet hat, fährt er fort:)

Der neue Rat zu Lübeck mit seinem Bürgermeister Jürgen Wullenweber, wie auch die, welche sich wider den Rat aufgelehnt hatten, traten auf Beschluß gemeiner Hanse von ihrem Stande und Amte zurück, machten dem alten Rate wieder Platz und räumten die Regierung ihnen und den Ihrigen zur Ergötzlichkeit, Ehre und Freude wieder vollkommen ein; jedoch verlieh und übertrug in billiger Rücksicht der nunmehr wiedereingesetzte Rat zu Lübeck Wullenwebern die Hauptmannschaft Bergedorf.

Im Jahre 1537 wurde Jürgen Wullenweber, als er durchs Stift Verden reiste, auf Befehl des Herrn Christoph, Herzogs zu Braunschweig, gefangen genommen und von diesem seinem Bruder, dem Herzog Heinrich, nach Wolfenbüttel geschickt; dort ist er nach langer harter Gefangenschaft im Herbste dieses Jahres auf vieler Anklagen hin — wie denn auch die von Lübeck durch ihren abgesandten Sekretarius Anklage erhoben — geviertelt worden (29. September).

Ebenso sind, als die Feste Wardenburg erobert war, Marx Meyer, sein Bruder Gerhard Meyer und ein dänischer Pfaffe in Gefangenschaft geraten und in das Lager von Kopenhagen zu Herzog Christian gebracht worden, der sie mit besonderer Freude mit dem Schwerte richten, ihn (Marx) vierteilen und aufs Rad legen ließ....

... Als nach geendigter Marterwoche die fröhliche Osterzeit herankam und der für die Städte unselige Krieg geendigt war, sah und fühlte man mit Schmerzen, was man gemacht hatte, daß man „Klaus Friedemachers" Rat nicht gefolgt war; nachdem man mit Schaden gelernt hatte, was für ein großer Unterschied sei zwischen Krieg führen und einem Leben in stillem Frieden . . ., scheute sich die Bürgerschaft nicht, Herrn Nikolaus Schmiterlow mit dem Namen „Klaus Friedemacher", den sie vorher ihm zu Schimpf und Unehre gebraucht hatte, jetzt zu seiner höchsten Ehre zu titulieren.

Darauf kamen ein Ehrbarer Rat und die ganze gemeine Bürgerschaft auf dem Rathause zusammen, und als sie den Vorschlag machten, Herrn Nikolaus Schmiterlow, als ihren ältesten Bürgermeister, durch zwei Personen des Rates aufs Rathaus zu bitten, rieb sich der eine Bürgermeister, Herr Christoph Lorbeer, den Arm — denn er hätte gern gesehen, daß es an diesem Tag unterblieben wäre, weil er es dann nach seinem Willen hätte wenden können — und sagte: es wäre Schmiterlows Brief, der kassiert werden sollte, wie auch der Rezeß nicht zur Stelle. Aber es wollte ihm nicht

gelingen. Sie schickten zwei vom Rate zum Bürgermeister
Schmiterlow, ließen ihn bitten, aufs Rathaus zu kommen,
schickten auch den Sekretarius Martin Budden in Blumenaus
Haus und ließen den Rezeß ... und Schmiterlows ehren=
rührigen Brief holen.... Da nun Schmiterlow ins Gemach
hineinkam, begrüßte ihn die Bürgerschaft: „Da kommt unser
lieber Klaus Friedemacher," setzte ihn über Lorbeer in seine
vorige Stelle und bat ihn, er wolle nur helfen, gut Regiment
zu halten; auch versprachen sie ihm, daß er hinfort mit
keiner Gesandtschaft mehr sollte beschwert werden. Der
Sekretär mußte mit den Rezessen und des Bürgermeisters
besiegeltem Brief auf den Tresor (Geldtruhe) steigen, daß
alle und jeder sehen konnten, wie auch der Bürgermeister
Schmiterlow selbst, wie sein Siegel und Brief vernichtet
wurden. Der Rezeß wurde in Stücke zerrissen, von Schmiter=
lows Brief die Siegel geschnitten. Es waren aber die Bürger
damit noch nicht zufrieden, sondern sie riefen dem Sekretarius
zu, daß er vor ihren Augen Schmiterlows Brief von oben bis
unten etlichemal mit dem Messer durchstechen sollte. Und
damit endete die Gewalt der 48, und der Rat kam wiederum
zu voller Gewalt....

Achtes Kapitel.

Ein Brief Martin Luthers an Sastrows Vater. — Ein räuberischer Überfall [1]).

Im Jahre 1538 kehrte ich auf Befehl meiner Eltern, da
sie merkten, daß ich zu Greifswald mit meinem Stiefgroß=
vater mehr spazieren fuhr als studierte, wieder nach Hause
zurück; dort mußte ich ein Jahr bleiben und wieder in die
Schule gehen....

Als mein Bruder Johannes zu Wittenberg Magister ge=
worden war — unter dreizehn hatte er den ersten Platz —
und von meinen Eltern aufgefordert wurde, nach Hause zu
kommen, begehrte er vor seinem Auszug aus Wittenberg
von Dr. Martin Luther ein Schreiben an meinen Vater,
weil dieser sich um des Rechtshandels mit Hermann Bruser

---

[1]) Teil I, Buch 4, Kap. 1, 7.

und der Leveling willen etliche Jahre vom Tische des Herrn ferngehalten hatte. Dieses Schreiben lautet wörtlich also:

Dem ehrbaren fürsichtigen Nikolaus Sastrow, Bürger zu Stralsund, meinem günstigen guten Freunde Gratia et Pax (Gnade und Friede). Es hat mir Euer lieber Sohn Magister Johannes gar kläglich genug angezeigt, lieber Freund, wie Ihr Euch vom Satrament schon so viele Jahre fernhaltet, zu großem ärgerlichen Exempel der andern, und mich gebeten, Euch zu vermahnen, von solchem gefährlichen Vornehmen abzustehen, weil wir keine Stunde des Lebens sicher sind. So hat mich seine kindliche treue Sorge für Euch, seinen Vater, bewegt, dieses Schreiben an Euch zu richten, und ist meine christliche brüderliche Vermahnung — wie wir sie in Christo einander schuldig sind —, Ihr wollet von solchem Vornehmen abstehen und bedenken, daß Gottes Sohn viel mehr gelitten und seinen Kreuzigern vergeben hat und Ihr zuletzt, wenn die Stunde kommt, doch vergeben müßt, wie ein Dieb am Galgen vergeben muß. Ob aber die Sache im Rechte steht, das lasset also gehen und wartet des Rechts (den Spruch des Gerichts) ab. Solches hindert gar nicht, zum Satrament zu gehen, sonst müßten wir und auch unsere Fürsten nicht zum Satrament gehen, weil die Sache zwischen (uns und) den Papisten noch schwebt. Befehlt Ihr die Sache dem Recht, aber dieweil macht Euer Gewissen frei und sprecht: Wem das Recht zufällt, der habe Recht; indes will ich vergeben dem, der Unrecht getan hat, und zum Satrament gehen. So geht Ihr nicht unwürdig dazu, weil Ihr Recht begehrt und Unrecht leiden wollt, wo es der Richter für Recht oder Unrecht erkennt. Solche Vermahnung nehmt nicht für ungut; Euer Sohn hat sie von mir mit großem Fleiß erbeten. Hiermit Gott befohlen. Amen.

Mittwoch nach Misericordias Domini 1540.
Martinus Luther.

Das Original dieses Briefes werden meine Kinder neben andern wertvollen Schriften an seinem Orte finden, denselben als autographum des hocherleuchteten, heiligen, um die ganze Welt wohlverdienten teuren Mannes nicht weniger, als ich getan, mit Fleiß aufheben, lieb und wert halten und ihren Kindern und Kindeskindern zur Freude verwahren. Diesen Brief brachte mein Bruder meinem Vater nach Hause und übergab ihn ihm; auch brachte er, damit die Seinen sehen mochten, daß er seiner Eltern Geld nicht vergeblich angewendet hätte, etliche seiner Poemata (Gedichte) gedruckt mit. Und er blieb dann fast ins vierte Jahr (dieweil meinen Eltern die Unkosten zu schwer fielen, ihn außer Landes zu erhalten) zu Hause, lag jedoch seinem Privatfleiße ob. ...

(Als er im Jahre 1542 von Rostock, wo er eine elegia de officio Principis drucken ließ, nach Hause fuhr, wurde er in der Rostocker Heide von Straßenräubern überfallen und schwer verwundet. Sastrow erzählt davon im 7. Kapitel):

Als er wieder zurück nach Hause ziehen wollte, hatte er von Rostock bis nach Stralsund auf dem Fuhrwagen zum Gefährten Herrn Heinrich Sonnenberg und eine Frau; neben dem Wagen ritt Hans Lagebusch und ein junger seiner Gesell mit Namen Hermann Lepper. Der hatte im Austausch gegen Boleslavsche Schillinge und anderes Geld von der Münze zu Gadebusch Münzen, die dort gemünzt waren, im Betrage von etlichen hundert Gulden geholt, die lagen auf dem Fuhrwagen. Das war etlichen Schnapphähnen — wie man die diebischen Bösewichter nennt — verraten worden, sie machten sich mit auf den Weg, eine gute Beute zu erlangen. Denn es war die Straßenräuberei im Land zu Mecklenburg darum gar gemein, weil sie nicht ernstlich bestraft wurde, und Leute vom Adel vornehmen Geschlechts ließen sich auch dabei ertappen. ... Wie sie nun durch das Dorf Willershagen kamen, das nach Rostock zuständig ist, hart an der Rostocker Heide, stiegen die, welche auf dem Wagen saßen, von dem Wagen mit ihren Waffen, die beiden Reiter hätten auch beim Wagen an dem unsicheren Orte bleiben sollen, aber sie ritten etwas voraus; zu denen gesellten sich die Schnapphähne. Einer insonderheit machte sich an Lagebusch, und sie redeten gefällig miteinander; als sie nebeneinander ritten, so daß er Lagebuschs Zündrohr (Pistol) erreichen konnte — es war damals nicht gebräuchlich, doppelte Rohre am Sattel zu führen —, riß er ihm die Büchse, die gespannt und deren Hahn aufgezogen war, aus der Halfter und überholte damit Hermann Lepper, der zurück nach dem

Wagen ritt, und erschoß den, daß er herunter vom Klepper purzelte. Hans Lagebusch ergriff das Hasenpanier und rannte davon nach Ribnitz zu, Herr Heinrich Sonnenberg lief ins Holz und versteckte sich in den Büschen. Mein Bruder hatte einen Schweinsspieß, stellte sich an das eine Hinterrad, daß die Bösewichter ihn von hinten her nicht beschädigen konnten, nach vorn wehrte er sich, wies einen nach dem andern ab, nicht ohne schmerzliche Verletzungen, denn er stieß einem den Spieß neben dem Schenkel in den Leib, daß er nach dem Busch ritt, vom Pferde stürzte, das er laufen ließ, und dort liegen blieb. Da ritt ein anderer ergrimmt auf ihn zu, hieb ihm ein Stück vom Kopfe, ungefähr einen Taler breit, daß ein Stück von der Hirnschale, fast einem Dutken[1]) an Größe gleich, an dem abgehauenen Stücke sitzen blieb, und mit demselben Hieb mit der Spitze des Schwerts eine Wunde in den Hals, daß er stürzte und für tot gehalten wurde. Die Bösewichter plünderten den Wagen, bekamen alles in ihre Hand, was darauf war, fingen auch ihres verwundeten Gesellen Pferd wieder ein, und da sie sahen, daß der soviel abbekommen hatte, daß seines Lebens nicht mehr viel vorhanden, sondern er so schwer verwundet war, daß sie ihn nicht mit sich wegbringen konnten, ließen sie ihn liegen, ließen dem Fuhrmann seine Pferde und ritten mit dem erlangten Raube davon. Herr Heinrich Sonnenberg kam aus dem Gebüsch wieder zum Wagen; sie legten meinen Bruder auf den Wagen, und die Frau hielt sein Haupt, das sie mit ihren Tüchern umwunden hatte, auf dem Schoße, und den Körper des Toten legten sie ihm zwischen die Beine und fuhren so langsam nach Ribnitz. Dort wurde meinem Bruder die Wunde derart verbunden, daß der Chirurg ihm am Halse etliche Nähte machen mußte. Das wurde in Rostock bekannt; der Rat schickte seine Diener an den Ort, die fanden den Verwundeten, nahmen ihn mit sich nach Rostock, aber sobald sie ihn aufrichteten, verschied er leider, so daß man von ihm nicht erfahren konnte, wer die andern gewesen waren. Obwohl es nicht so ganz verborgen blieb, wurde es doch von der Freundschaft vertuscht, daß es nicht jedermann erfahren konnte, und so betrieben,

---

[1]) Kleine Münze.

daß der gebührende Ernst von der hohen Obrigkeit nicht angewendet wurde. Der getötete Bösewicht wurde gleichwohl vor Gericht gebracht, vom Gericht hinaus vor die Landwehr geführt, daselbst ihm der Kopf abgehauen und auf einen Stecken gesetzt, wo er viele Jahre zu sehen war. Lagebusch brachte die Geschichte auch nach Stralsund; der Rat ließ meinem Vater einen verschlossenen Wagen mit vier Stadtpferden ausfolgen; wir nahmen Betten mit, fuhren noch den Abend aus, die Nacht über, so daß wir des Morgens früh in Ribnitz ankamen. Wir fanden meinen Bruder gar schwach, blieben aber den Tag um der Pferde willen zu Ribnitz und ließen den entleibten Hermann Lepper, nachdem in gebührlicher Weise das Gericht darüber gegangen war[1]), christlich und ehrlich bestatten; gegen Abend fuhren wir aus Ribnitz, die Nacht über nur Schritt vor Schritt, so daß wir erst den andern Tag gegen Mittag nach Stralsund kamen und Meister Joachim Gellhart zu dem Verwundeten konnten holen lassen. Derselbe — der auch ein berühmter Wundarzt war — nahm sich mit großem Fleiß seiner an, aber die Wunde am Halse wollte nicht zur Heilung kommen; was den einen Tag heilte, brach den andern Tag wieder auf. Schließlich wurde er gewahr, daß der Ribnitzer Chirurg bei Einlegung der Nadeln die eine Seite der Wunde höher aufgezogen hatte als die andere und daß sich deswegen am Ende die Haut kräuselte. Nun drückte er mit einer großen messingenen Nadel die „Trupe" (Falte) nieder, daß man nur noch den Knopf von der Nadel sehen konnte. Als er die herausgezogen und die Wunde ins rechte Geschick gebracht hatte — für den Patienten, wie man sich denken kann, nicht ohne großen Schmerz —, wurde er ziemlich bald geheilt.

Neuntes Kapitel.

Sastrow auf der Schule zu Rostock[2]).

Auf den Rat meines Bruders schickten mich meine Eltern nach Rostock unter die Zucht des Arnold Burenius

---

[1]) D. h. das Gerichtsprotokoll über seinen Tod aufgenommen worden war.

[2]) Teil I, Buch 4, Kap. 2, 4.

und des Magister Heinrich v. Lingen, mit dem er in Wittenberg gute Freundschaft gehalten hatte, und schrieben ihm, daß ich zu Greifswald bereits „deponiert" (als Student eingeschrieben) wäre. Aber da die „Burse"¹) erfuhr, daß ich in Stralsund wieder in die Schule gegangen wäre, begann, als ich ins Vorlesungszimmer kam, ein unaufhörliches Schnauben und Rufen. Der „Depositor" zauste mich am Mantel herum; ich hatte ein großes Tintenfaß voll Tinte in der Hand, die goß ich dem Depositor ins Gesicht; nun hatte der Depositor einen grauen langen Mantel um, der mit schwarzen Schnuren besetzt war, wie damals Brauch war, über die lief die Tinte von oben bis unten; aber er bezahlte mich redlich. Denn da es nicht anders sein konnte, wenn ich anders Frieden haben wollte, als daß ich mich wiederum deponieren ließ, so bekam ich bei der Deposition manchen harten Schlag; beim Bartscheren schnitt der Depositor mit dem hölzernen Schermesser mir die Oberlippe durch; wenn die Wunde etwas geheilt war, wurde sie beim Essen und durchs Essen, insonderheit von gesalzener Speise, wiederum geöffnet, also daß es ziemlich lange währte, ehe es ganz heil werden konnte.

Die beiden Magister hielten in der Arnsburg²) gemeinsamen Unterricht; sie hatten die meisten Schüler, und diese gingen mit beiden Magistern — miteinander wohl an die 30 Personen — bei Herrn Jakob Bröcker zu Tisch. Man gab für den Tisch im Jahr 16 Gulden, dafür hatte man den Winter über des Tags den Imbiß und zwei Mahlzeiten, des Sommers neben den beiden Mahlzeiten und dem Imbiß auch des Nachmittags dicke Milch oder dergleichen.

Als ich zwei Jahre zu Rostock gewesen war, klagten meine Eltern über die Unkosten, und da sie merkten, daß ich mich dem theologischen Studium zuwenden wollte, waren sie damit nicht zufrieden und begehrten, daß ich nach Hause käme. Ich achtete dafür, daß ich noch zu jung und ungelehrt sei, mich einer bestimmten Fakultät zuzuwenden, und von den Studien wollte ich mich nicht abziehen lassen; ich klagte das meinen Lehrern, die erließen

---

¹) Genossenschaft der Studierenden.
²) Collegium Aquilae war der lateinische Name der Schule.

mir, was ich und andere ihnen für den Unterricht gaben, und verhandelten mit dem Wirt, daß ich ihm für das Jahr nur 8 Gulden für den Tisch geben, aber den Tisch decken, Speise und Trank auf= und abtragen, bei Tische aufwarten und seinen Sohn Bartolt Bröcker, der größer war als ich, beaufsichtigen, seine Bücher in Ordnung halten, Schuhe putzen, aus= und anziehen, dem Magister Heinrich von Lingen gleicherweise die Schuhe putzen, das Bett machen, ihm die Stube einheizen, in die Kirche und wo er sonst hinging, folgen und des Winters die Laterne bringen sollte. Nach= dem ich zwei Jahre bei den andern, meinen Mitschülern, am Tisch gesessen und mir hatte auftragen und mich be= dienen lassen, fiel mir der Anfang etwas schwer, aber was sollte ich tun, ich konnte es für jetzt nicht bessern. Der Unterricht war gut, beide Lehrer sehr fleißig. . . .

Alles Geld, das uns unsere Eltern schickten, mußten wir unserm Lehrer, Magister Heinrich von Lingen, geben; was wir brauchten, mußten wir dann von ihm fordern und alles, was wir von ihm empfingen, wenn's auch nur ein Dreiling war, sauber aufschreiben; auch, wofür wir's ausgaben, notieren.

Meine Lehrer nahmen sich meiner an um meines Bruders willen und auch, weil sie sahen, daß ich mich der Studien nicht begeben wollte; wogegen ich auch ihnen fleißig aufwartete, stets um sie und bei ihnen war. Das war meinen Mit= schülern nicht recht; sie waren mit mir wenig zufrieden; deswegen mußte ich den Ort wechseln und auf Rat meines Bruders mich entschließen, nach Greifswald zu ziehen.

Im Jahre 1541 schied ich von Rostock und zog nach Hause. Damit ich aber meine schulmäßigen Übungen auch weiterhin haben könnte, gab mir der Rektor der Schule, Matthias Brassanus, auf, eine Komödie des Terenz in einer Klasse zu lesen, grammatisch auszulegen, was ich ge= lesen, mit den Knaben zu repetieren und nach den Regeln der Grammatik zu examinieren.

Gleichwohl blieb ich nicht lange zu Hause, sondern zog mit meinen Büchern nach Greifswald und mietete daselbst eine Burse, in der ich Joachim Lewenhagen[1]) zum Bursgesellen hatte; in Greifswald bin ich bis zum Frühjahr 1542 geblieben.

---

[1]) Nachmals Prediger in Stralsund.

Zehntes Kapitel.

Reise zum Kaiserlichen Kammergericht und Aufenthalt in Speier [1]).

Da die beim Kaiserlichen Kammergericht anhängige Rechtssache mit Hermann Bruser meinen Eltern sehr beschwerlich war, so daß sie ihretwegen meinem Bruder keine Mittel geben konnten, noch länger außer Landes zu studieren, machten sie uns auf zwei Kleppern beritten, damit wir nach Speier reiten und der Sache warten und sehen möchten, wie wir uns ohne ihr Zutun erhalten könnten.

Im Jahre 1542 am 14. Juni brachen mein Bruder und ich von Greifswald nach Speier auf; wir ritten den Tag bis nach Greifswald, bis wohin uns unsere Eltern das Geleit gaben; wir blieben auch den nächsten Tag in Greifswald und setzten uns mit unserer Großmutter ... und unsern nächsten Freunden. Ich war fröhlich und guter Dinge, mein Bruder aber melancholisch und traurig. Meine Mutter sagte zu meinem Bruder: „Mein lieber Sohn, sieh, wie guter Dinge doch dein Bruder ist, warum bist du so traurig?" Jener antwortete: „Ja, mein Bruder ist von Natur freien Gemütes, kann alles in den Wind schlagen; er macht sich keine Gedanken darüber, was in Zukunft erfolgen wird."

Wir zogen fort auf Stettin, von da auf Berlin und so weiter auf Wittenberg. ...

In Wittenberg begrüßte mein Bruder den Doktor Martin Luther, der am Kirchhof vor dem Buchladen stand; der bot mir die Hand, und nachdem wir von Philipp Melanthon und andern Gelehrten Beförderungsbriefe an Prokuratoren und Advokaten in Speier bekommen hatten, zogen wir fort auf Leipzig, von da auf Naumburg und Erfurt.

Zwischen Erfurt und Gotha, etwa auf halbem Wege, also anderthalb Meile von Erfurt, liegt an der Heerstraße ein großes Wirtshaus, dort hielten wir an, um einen halben Tag — zur Ruhe für die Pferde — zu bleiben und uns, was an den Kleidern schadhaft geworden, wieder herzurichten; am Abend, ehe wir uns schlafen legten, bezahlten wir alles. Den Morgen machten wir uns zur Weiterreise

---

[1]) Teil I, Buch 4, Kap. 8; Buch 5, Kap. 1—3, 6, 7, 22, 23.

fertig, saßen auf und ritten auf Gotha zu. Als wir dahin kamen, vermißte mein Bruder seinen Säckel (Geldbörse), in dem wir unser Zehrgeld hatten, und erinnerte sich, daß er den die vorige Nacht im Bette hatte liegen lassen. Wir waren gar sehr erschrocken, denn wir hatten des lieben Geldes nicht viel und, nach dem Aussehen der Herberge zu schließen, war es fraglich, ob wir's wiederbekommen würden.

Ich ließ meinen Klepper Futter nehmen, setzte mich darauf und ritt wiederum nach dem Wirtshaus, versäumte mich nicht lange, um so schnell als möglich dahin zu kommen, hing den Klepper nur an und lief nach der Kammer. Der Hausknecht lief mir alsbald nach und griff gleichzeitig mit mir nach dem Beutel im Bett, und wenn ich ihn auch erwischte, mußte ich ihm gleichwohl ein Trinkgeld geben, so daß mich dünkte: wäre er oder die Magd vor meiner Wiederkunft ans Bett gekommen, so wäre der Säckel mir nicht wieder zuteil geworden. Darum erschien es mir, obwohl die Sonne unterging, nicht sicher, die Nacht über dort allein zu bleiben, sondern ich ritt wieder nach Gotha. Eine halbe Meile davon war ein schönes Dorf; wie ich dahin kam, war es finster. Ich ging ins Wirtshaus, das war voller Bauern, denn es war Sonntag; die hatten mich vor zwei Stunden eilends hindurchreiten sehen; dessen erinnerten sie sich und sagten untereinander: „Sagten wir nicht, daß es unseres gnädigsten Herrn Postbote oder ‚Einspänniger' (Geleitsreiter) ist?" Der Wirt ließ meinen Klepper durch den Hausknecht wohl besorgen, wollte nicht gestatten, daß ich mich einmal nach ihm umsähe, sondern ich mußte mich an den Tisch setzen, und nun wurde aufgetragen — Gebratenes und Gesottenes und gar guter Wein. Die andern Gäste wie auch der Wirt wußten nicht, wie freundlich sie sich gegen mich erzeigen sollten. Ich wollte abrechnen und bezahlen, ehe ich mich schlafen legte, damit ich den nächsten Tag um so zeitiger aufbrechen könnte. Der Wirt aber meinte, ich dürfte nicht reiten, ich hätte denn zuvor Suppe gegessen, und wollte ich acht Tage bei ihm bleiben, so dürfte ich auch nicht einen Heller bezahlen; denn sollte er um seines gnädigen Herrn willen nicht soviel tun? Er führte mich hinauf in eine Kammer zu einem recht weichen und sauberen Bett. Ich hatte mich müde geritten, war froh, daß ich den Säckel wiederbekommen hatte, hatte wohl gegessen und getrunken, bekam ein gutes Lager, mein Pferd wurde ohne mein Zutun wohl versehen. Deshalb schlief ich auch den Montag um so länger, und wie ich hernach herunterkam, mußte ich erst „suppen".

Meinen Bruder, der nicht wußte, wie gut mir's ging, gereute es, daß er mich allein hatte zurückreiten lassen; denn abgesehen davon, daß mir alles fremd war, stand ihm das böse Aussehen des Wirtshauses vor Augen; zudem hatte er mit mir verabredet, daß das Stadttor sollte offen gelassen werden, weil ich den Abend wiederkommen sollte. Ich aber blieb noch den halben Vormittag aus. Wer war betrübter und voll traurigerer Gedanken als mein Melancholikus? Er schickte einen eigenen Boten von sich aus nach mir, mich zu suchen, beschrieb ihm meine Person, Kleidung und auch das Pferd. Als ich nun aus der Herberge reiten will, geht der Bote eben vorüber; wie er mich auf dem Pferde sitzen sieht, deuchte ihm, daß ich's sein müßte, und sagte mir, wie er von meinem Bruder, der sehr nach mir verlangte, abgefertigt wäre.

Wir ritten also über Eisenach, Vacha, Fulda, Gelnhausen, Frankfurt a. M., Oppenheim, Worms nach Speier. Dort kehrten wir im Wirtshaus zum Laub ein; in der Herberge blieben wir so lange, bis unsere Pferde sich etwas ausgeruht hatten; dann verkaufte sie mein Bruder dem Wirt zur Krone. Da uns im Wirtshaus die Zehrung zu teuer kam, mieteten wir bei einem ein Kämmerlein mit einem Bett; darin behalfen wir uns, bis wir unterkamen, was über fünf Wochen währte. Wenn's Essenszeit war, kauften wir drei oder vier Semmeln, gingen vors Tor an den Graben, aßen sie und tranken darauf in einem Wirtshaus ein halbes Mäßlein Wein. Das war freilich ein Gegensatz gegen den Überfluß, den wir daheim hatten, wo der Bartholomäus mit den Jungfrauen den Vortanz führte, in den Weinkeller, in König-Artushof, auf den Dänholm, ins Hegenholz usw. in Gesellschaft ging!

Philipp Melanthon hatte meinem Bruder einen Empfehlungsbrief mitgegeben an Doktor Jakob Schenck, Advokaten des Kammergerichts, und seinen Halbbruder, den Prokurator Dr. Johann Hochel. Dr. Jakob Schenck verschaffte meinem Bruder Stube, Kammer und freien Tisch (glänzend und fein) bei dem Dompropst des hohen Domstifts zu Speier, einem großen Herrn. Der hatte auch den schönsten Hof, in dem stets der römische Kaiser zu wohnen pflegt, wenn er zu Speier ist. Er hatte für gewöhnlich alle Tage seinen Tisch voll Gäste, die wohl bewirtet wurden, er selbst aber aß wenig Speise und lebte von „destillierten Hühnern" und dem, was ihm vom Arzte verordnet wurde; seinen Gästen, die für und wider disputierten, hörte er gern zu, denn der eine verteidigte Luther, der andere den Papst. Wenn er dann lange genug zugehört hatte, bekannte er wohl, daß er den Paulus nicht gelesen hätte.... Er glich darin dem Bischof von Würzburg, der gesagt haben soll, er danke dem lieben Gott, daß er den Paulus sein Lebtag nicht gelesen habe, denn wenn er den Paulus gelesen hätte, würde er gewiß ein ebenso großer Ketzer geworden sein, wie Luther.

Den 10. August brachte Dr. Johann Hochel, Philipps Halbbruder, mich in den Dienst des Dr. Friedrich R e i f f s t o c k, eines der ältesten Prokuratoren am Kaiserlichen Kammergericht und eines gelehrten Juristen.... Der diente seinen Parteien treulich und fleißig. Sobald er aus dem Gericht kam, schrieb er für seine Parteien, in deren Sachen verhandelt worden war, ein Konzept nieder, ließ es vom Substituten (Schreiber) mit dem, was dazukommen sollte, abschreiben, band es zusammen, versiegelte es und warf es in die große Schachtel, die in der Schreibstube auf dem Tische stand. Wenn Boten kamen und sagten, wohin sie zu laufen oder zu reiten hätten, lief er nach der Schachtel und sah nach, ob Briefe darin waren in der Richtung des Weges, da sie hinaus wollten....

Mein Herr Doktor Reiffstock ließ mich nicht „verfaulen" (faulenzen); er hatte vier Söhne, die wurden alle vier Doktoren. Zu meiner Zeit kamen die drei ältesten, der eine aus Frankfurt, die beiden andern aus Leipzig, nach Hause. Da mußte ich die drei Pferde warten und hatte den Winter drei Stuben zu heizen. Auch sonst gab er mir trefflich zu arbeiten. Er legte mir große Stöße Akten, die gar sauber geschrieben waren, wohl eine Hand hoch vor, die mußte ich fleißig abschreiben und mit den andern Substituten — als wäre viel daran gelegen gewesen — kollationieren (vergleichen). Wenn ich nun mit dem Abschreiben fertig war, sprach er, daß es ihm nichts nütze, er habe es aber zu meinem Besten getan; hernach[1]) könne er mich gebrauchen.

Auf Erfordern des Kaiserlichen Kammergerichts verringerten bald nachher die Prokuratoren ihre Haushaltung; also entließ mich auch mein Herr Dr. Friedrich Reiffstock. Ich war darüber sehr bekümmert, denn ich sorgte mich, meine Eltern und Freunde würden nicht anders meinen, denn ich hätte mich übel aufgeführt, so daß deswegen mein Herr mich entlassen hätte, wie denn auch meine Eltern in dem Wahne waren, bis mein seliger Bruder ihnen Bericht erstattete.

Mein Bruder und ich wollten uns voneinander nicht trennen, und ich wollte Speier nicht verlassen — ich hätte sonst außerhalb Speiers wohl einen Schreiberdienst bekommen —, bis meines Vaters Sache zu Ende gebracht war. Denn wir machten uns gute Hoffnung, daß, wenn ein Reichstag ausgeschrieben würde, auf demselben das Reichskammergericht wieder würde besetzt werden.

Darum begab ich mich in den Dienst des Dr. Simeon Engelhart, des Prokurators meines Vaters; da kam ich aber recht in des Teufels Badstube.

Denn der Doktor war zwar ein frommer Mann, gehörte aber mit Weib und Kindern zur Schwenckfeldischen Sekte[2]); er hatte vier Kinder, drei Töchter und einen Sohn von etwa acht oder neun Jahren, den mußte ich deklinieren und konjugieren lehren. Die Doktorin war ein kreuzböses, karges, giftiges Weib, gönnte ihrem Herrn, dem Doktor, nicht satt zu essen. Manchmal habe ich gesehen, daß sie ihrem Herrn, wenn er trank, den Becher vom Munde zog. Nun hätte man das wohl achten können, wenn sie es zu seinem Besten getan hätte, damit er sich nicht übertrinke,

---

[1]) D. h. wenn ich r i c h t i g abschreiben gelernt hätte.

[2]) Kaspar Schwenckfeld, Rat des Herzogs Friedrichs II. von Liegnitz, war der Begründer einer Sekte, die die Gedanken der Reformation unter der Einwirkung mystischer Anschauungen in schwärmerischer Weise auszubilden suchte (geb. 1490, gest. 1561).

aber er war kein bibulus (Trinker). Wenn er allein mit
den Kindern bei Tisch saß, so hatten die Kinder — darunter
zwei erwachsene Töchter — ein jedes ein zinnernes Becherlein, darein ging nicht mehr als in eines Taubeneies Schale.
Das bekamen sie einmal mit Wein und zweimal mit Mainzi-
schem Bier — einer gar schlimmen Jauche — gefüllt; sonst
tranken sie Wasser. Er hielt zwei Mägde; die wurden
ebenso wie wir Schreiber gar kurz mit Speise gehalten; in
einer Wasserbrühe bekam ein jeder ein Stücklein Fleisch,
nicht ganz so groß wie ein Hühnerei, und daneben, wie
auch am Tage, wo es Fische gab, Rüben, Kraut, Linsen,
Gemüse, Haferbrei, gedörrte Äpfel und dergleichen, zu Tisch
ein zinnernes Becherlein mit einem Schluck Wein; wer mehr
trinken wollte — wie man denn damit nicht weit kommen
konnte —, der mochte sich aus dem Brunnen mehr schöpfen;
so daß ich wahrhaftig nicht zweifle, daß ich in Speier, seit
ich in Dr. Engelharts Dienste stand, sehr wohl eine halbe
„Last"[1]) Wasser ausgetrunken habe. Er hatte viele Sachen
zu bearbeiten, fast soviel wie Dr. Friedrich Reiffstock, an
die 400; alle Sachen mußten viermal geschrieben werden,
eine Kopie blieb bei den Akten, eine wurde den Parteien
zugeschickt, und zwei Abschriften waren gerichtlich zu pro-
duzieren — denn eine blieb beim Gerichte und die andere
wurde stracks, wenn das „productum" (vorgelegt) darauf
geschrieben war, durch den Pedell dem Prokurator der Gegenpartei behändigt. Audienzen (Termine) hatte man wöchent-
lich zwei; wenn in fiskalischen Sachen Gericht gehalten wurde,
auch wohl drei. Protokollieren und Aktenabschreiben nahm
viel Zeit in Anspruch; dazu waren nur unser zwei Substituten
(Schreiber), so daß wir oft an Gerichtstagen nicht soviel Zeit
hatten, einen Bissen Brot zu essen. Aber daran kehrte sich
die Frau nicht. Was sie durch ihre Töchter und Mägde
wohl hätte verrichten lassen können — wie Tischdecken, Spül-
und Kühlwasser ins Gemach tragen, Tisch abdecken, Spülwasser ausgießen —, wir mochten so eilig fürs Gericht zu
schreiben haben, als wir wollten: das mußte Bartholomäus
gleichfalls tun, und der Herr durfte ihr nicht dreinreden;
ja im eifrigsten Schreiben, während wir doch das Essen

---

[1]) Last, ein Flüssigkeitsmaß, etwa 30 Hektoliter fassend.

unterlassen mußten, durfte sie wohl überlaut über den Hof rufen: „Barthel, willst du das Spülwasser nicht ausgießen? Seh doch einer, wunder was für ein fauler Schelm der Barthel ist, er hat das Spülwasser noch nicht ausgegossen." Ich durfte nicht aus dem Hause gehen, auch nicht, um meinen Bruder zu besuchen, ich hätte denn von ihr Urlaub erbeten. Des Morgens aber mußte ich, damit die Mägde geschont würden, den Korb wie ein „Gretchen" (Mädchen) am Arm nach dem Markte tragen und Rüben, Kraut, Wurzelwerk, Brot und was man sonst brauchte, einkaufen, und wenn ich nach Hause kam, hatte ich zu teuer eingekauft, auch sonst mir des Dankes nicht viel verdient. Wenn sie Kleider wuschen, wie solches oftmals geschah, mußte ich ihnen alles Wasser schöpfen; war Wassermangel im Brunnen, so ließ man mich herunter, den Brunnen auszubessern ... und doch war ich damals 23 Jahre alt.... Wenn mein Bruder zu mir kam, hatte er Mitleid mit mir, tröstete und ermahnte mich, auszuhalten; sollte ich am Leben bleiben und Weib, Kinder und Gesinde haben, so würde ich mich des Erlittenen freuen und mit Lust daran gedenken usw. Sie war launisch, konnte wohl acht Tage lang dem Herrn nicht ein freundliches Wort zusprechen.... Die jüngste Tochter war ungefähr sechs Jahre alt, wurde krank und starb; den Leichnam steckte sie ohne Sarg in einen Sack und gab ihn einem alten Weibe, daß sie ihn auf dem Rücken nach dem Gottesacker trüge. Dort wird sie eine Kule (Grube) gegraben und den Leichnam hineingeworfen haben; es folgte niemand der Leiche, ging auch sonst niemand mit, der gesehen hätte, wie es mit dem Begräbnis gehalten wurde.

Übrigens hatte der Doktor gar ansehnliche Parteien — Herren und Städte —, die ihm ein Jahrgeld gaben, und brachte von seinen vielen Sachen, wie auch infolge seiner genauen und kargen Haushaltung viel Geld zusammen. Er konnte über seine Unkosten hinaus im Jahre 2000 Gulden erwerben; die tat er auf Rathäuser der Städte, denen er diente, aus, und sie mußten sie ihm jährlich verzinsen. Ich habe ihm zweimal nacheinander, nämlich im Jahre 43 und 44, jedes Jahr 3000 Gulden gegen geziemende Verschreibung fortgetragen.

Dr. Christoph Hose war Stralsundischer Prokurator und Advokat; er wurde seines Amts entsetzt, weil er evangelischer Religion war, und zog nach Worms; dort baute er sich ein schönes Haus. Während des Reichstags (1544) kam er auch hinauf nach Speier, war ein alter Praktikant, ein aufrichtiger, in Gesellschaft fröhlicher Mensch. Die andern Prokuratoren, sonderlich die jungen, waren gern mit ihm zusammen, ehrten ihn gar sehr und hielten ihm alles zugute, was er sagte, wenn er auch ihre geheime Schalkheit (Schlechtigkeit) ans Licht brachte. Er wurde von einem Doktor zu Gast gebeten und ihm zur Gesellschaft mehrere Doktoren, darunter mein Herr. Als ich nun am Abend, nachdem der Schlaftrunk aufgesetzt war, meinem Herrn die Laterne brachte und von dem Wirte in die Stube geführt wurde, wollte der Wirt, wie auch Dr. Hose..., ich sollte mich zu unterst an den Tisch setzen; sie ließen auch nicht ab, bis ich ihnen folgte. Die andern, wie auch der Wirt, legten mir von dem Kuchen, Konfekt und dem, was sonst aufgetragen war, vor. Da steht mein Herr, Dr. Engelhart, auf, will stracks weggehen und sagt, wenn seine Knechte sich an den Tisch setzten, so gebühre ihm, nicht länger zu sitzen, sondern wegzugehen; sollte er sich wieder setzen, so müßte ich mich dem Tisch gegenüber stellen und aufwarten. Aber Dr. Hose hörte nicht auf, mit mir zu reden und nach seiner Weise zu schwatzen. „Pommer," sagte er, „die Prokuratoren am Kammergericht, (sapper=)lot — das war sein Beiwort[1]) — sind verzweifelte Buben (sapper=)lot; als ich so jung war, wie du jetzt bist, diente ich auch bei einem Prokurator, der nahm von den Parteien viel Geld, durfte es auch wohl fordern und tat wenig dafür, (sapper=)lot. Aus folgender Geschichte wirst du es erkennen können: Einer vom Adel aus dem Frankenlande vertraute meinem Doktor eine Sache an, an der ihm sehr gelegen war, spickte ihn auch ansehnlich und verschrieb ihm ein Jahrgeld. Der Doktor bat um Instruktion des Prozesses, brachte sie auch heraus. Die Akten wurden eingefordert und reproduziert, er machte einen Beutel dazu und schrieb darauf auf einen Zettel den Namen der Parteien mit schönen großen Buchstaben und hing ihn dann in die Aktenkammer in die Reihe zu andern Sachen, wie du es

---

[1]) D. h. ein Wort, das er beständig gebrauchte.

hier viel gesehen haft. Wenn das Jahr um war, forderte er sein Bestallungsgeld und schrieb dazu, daß er die Sache zu Ende gebracht habe, nun wolle er fleißig um Publikation des Beschlusses anhalten. Der Edelmann schickte ihm nicht allein sein Jahrgeld, sondern auch noch eine „Verehrung" darüber und uns Schreibern ein Trinkgeld. Die Zeit wurde aber dem Edelmann zu lang, er kommt selbst herüber nach Speier und schellt an der Tür. Als die aufging und der Prokurator sah, daß es der Junker war — darum haben die Prokuratoren (sapper=)lot ihre Schreibstube immer gerade gegenüber der Türe, (sapper=)lot, damit sie sehen können, wer geschellt hat und hereinkommt, (sapper=)lot —, läuft er eilends in die Aktenkammer, holt den Beutel, der dem Edelmann gehört, und legt ihn vor sich auf den Tisch. Der Junker kommt hinauf, der Doktor empfängt ihn gar freundlich, heißt ‚Se. Ehrenveste' willkommen, zeigt ihm, wie er seine Sache stets vor sich liegen habe, oft um Eröffnung des Urteils gebeten habe, es aber bisher nicht habe herausbringen können, er wolle nicht aufhören zu drängen, bis er's endlich erlangte; dann wolle er es Sr. Ehrenvesten durch eigenen Boten schicken. Der Edelmann glaubte, es wäre also, bat, die Sache so zu machen, wie er's vorgeschlagen habe, gab der Frau Doktorin eine ansehnliche Verehrung und verabschiedete sich dann freundlich. Der Doktor aber hatte noch nicht einmal die Klageschrift gemacht (sapper=)lot! Solche verzweifelte Buben, (sapper=)lot, sind die Prokuratoren am Kammergericht. Darum, Pommer, willst du zu Speier dein Recht erlangen, so mußt du drei Beutel haben, den einen mit Geld, den andern für die Akten und den dritten mit Geduld gefüllt; je länger du prozessierst, je schmäler wird der Beutel mit dem Gelde, je größer die Akten und je geringer die Geduld. Aber dessen hast du dich zu getrösten, daß der gewaltige Kaiser an dich geschrieben: 'Wir, Karl der Fünfte, v. G. G. Römischer Kaiser, alle Zeit Mehrer des Reichs in Germanien, zu Hispanien, beiden Sizilien, Jerusalem, Ungarn, Dalmatien, König usw. entbieten unserm und des Reichs Lieben Getreuen Bartholomäus Saftrow unsere Gnade und alles Gute'[1]). Dessen hast du

---

[1]) Der Kaiser hatte unter dem 19. Mai 1544 Bartholomäus Saftrow zum Notar ernannt (Teil I, Buch 5, Kap. 20).

dich zu freuen und zu rühmen, wenn du mit deinen Kindern vorm Kamin sitzest; hast du dann dein Geld, so du allhier zu Speier verzehrst und verprozessierst, nicht wohl angelegt?"

Der Reichstag (von Speier) war verabschiedet, die Besetzung des Reichskammergerichts aber unterblieben; ich aber hatte erklärt, daß mich nichts bewegen könnte, fortzuziehen, ehe meines Vaters Sachen nicht in einen besseren Stand gebracht wären. Daran aber war mir nichts gelegen, noch länger in der gefährlichen Gefangenschaft bei Dr. Engelhart zu bleiben, denn ich hatte von dem gottvergessenen, geizigen, teuflischen, nur mit einer Menschenhaut überzogenen Weibe soviel Beschwerung erlitten, daß ich von der Zeit an keinem weiblichen Regiment mehr hold gewesen bin noch werden will, so lange noch ein lebendiger Atem in mir ist. Aber um meines Vaters Sache willen mußte ich viel leiden, damit nicht allein diese besser gefördert würde, sondern auch die Unkosten, die auf Advokaten und Prokuratoren gewendet nicht umsonst verausgabt wären.... Nun hatte ich von der Schreiberei so viel begriffen und mich der hochdeutschen Sprache beflissen, daß ich leicht eine Stellung bekommen konnte. Und so ist mir denn auch in Herrn Ernsts, des Markgrafen zu Baden und Hochberg usw., Kanzlei — der zu Pforzheim, nur sechs Meilen oberhalb Speier, Hof hielt — eine Stelle angeboten worden, die ich im Namen Gottes angenommen habe.

Elftes Kapitel.

Von Kaiser Karl V. und andern Fürsten. — Vom Reichstag zu Speier [1]).

a) Was Kaiser Karl V. auf dem Zuge nach Jülich erlebte.

Im Jahre 1543, als der Kaiser aus Italien kommend Deutschland erreichte, rüstete er sich in großer Eile gewaltig wider den Herzog von Jülich. Zu Augsburg und Ulm wurde

---

[1]) Teil I, Buch 5, Kap. 8—10, 14—16, 23.

das schönste Feldgeschütz gegossen, in Laden (auf Lafetten) und auf Räder gebracht, doch wieder von den Lafetten genommen, damit es desto bequemer und leichter ins Land Jülich könnte gebracht und daselbst wieder auf die Lafetten gelegt werden. Die schwäbischen Fuhrleute in großer Zahl mußten es hinab ins Land Geldern fahren.

Zu Speier hielt sich der Kaiser etliche Tage auf, damit das Geschütz dort vollends hergestellt würde, weswegen sich der Zug bis in den Herbst verschob. In dieser Zeit vertieften sich die Wege nach den Niederlanden gar sehr, so daß der Kaiser zu seinem besondern Verdruß aufgehalten wurde, eilends, wie er begehrte, an den Feind zu kommen.

Als nun die Wege im Niederland gar tief waren, also, daß die Fuhrleute das schwere Geschütz nicht gut vorwärts bringen konnten, und der Kaiser eilte, mit seiner Armada an den Feind zu kommen, ritt er an einen der Fuhrleute heran und redete ihn hart an, daß er fortfahren sollte. Der schwäbische Geselle kannte den Kaiser nicht, denn, als der Kaiser den Fuhrmann, weil er sauer sah und des Befehls nicht achtete, mit dem Stock an den Hals schlug, hieb dieser den Kaiser mit seiner Geißel über Hals und Kopf, indem er fluchte: „Daß dich spanischen Bösewicht Gottes Element schänden müsse." Der Kaiser befahl, ihn sofort gefangen zu nehmen und an den nächsten Baum zu henken. Da sah der Fuhrmann, wen er gehauen und einen Bösewicht gescholten hatte; er wurde weggerissen, und das Lachen verging ihm. Die Obersten, die des Kaisers Befehl ausführen sollten, hatten es mit der Exekution nicht allzu eilig, trödelten umher, bis sie merkten, daß die Hitze des Zorns ein wenig vorüber sei. Der Kaiser aber meinte nicht anders, als daß der Befehl ausgeführt, also der Gesell gehenkt wäre. Da traten alle Obersten und Hauptleute vor den Kaiser, taten einen untertänigsten Fußfall, entschuldigten die Tat mit der Unwissenheit des Fuhrmanns, meldeten auch, daß die Spanier bisweilen wohl den armen Leuten zuviel zumuteten, rühmten die Lindigkeit und Großherzigkeit großer Fürsten und stellten vor, wie beliebt Se. Majestät bei jedermann werden und wie sie samt dem ganzen Heere ihm bereitwilliger in allen Nöten dienen würden, wenn sie bei diesem — wie sie bekennen müßten — groben Exzeß mit ihrer Fürbitte für das Leben des armen Menschen erhört würden. Die Kaiserliche Majestät erklärte sich bereit, ihrer untertänigsten Fürbitte soweit gnädigst stattzugeben, daß dem Fuhrmann zum Zeichen, daß er den römischen Kaiser geflucht, geschmäht und mit der Peitsche sogar über Kopf und Hals gehauen habe, die Nase abgeschnitten werden sollte. Das haben die Obersten und Hauptleute mit untertänigstem Danke entgegengenommen, der Fuhrmann aber hat es mit fröhlichen Ohren angehört und sich der gelinden Strafe mit Freuden unterworfen und ganz geduldig gelitten, daß ihm die Nase hart am Gesicht abgeschnitten wurde; auch hat er sich dessen Zeit seines Lebens zu Ehren der Kaiserlichen Majestät gerühmt. Denn da er viele Jahre die Straße zwischen Rhein und Donau gefahren, sind wir etliche Male in verschiedenen Herbergen einander begegnet, und wenn ich ihn fragte, wie er um seine Nase gekommen wäre, ob er sie etwa in Frankreich gelassen hätte, hat er: „Nee" geantwortet ... und hat darauf stets die ganze Geschichte von Anfang bis zu Ende mit fröhlichem Gesichte und lachendem Munde erzählt und der Kaiserlichen Majestät mit vielen Worten gedankt.

b) **Wie Kaiser Karl Marten von Rosse begnadigte.**

Marten von Rosse hatte dem Kaiser, dieweil er in Afrika Krieg führte, in den Niederlanden viel Verdruß gemacht; unter anderm hatte er die Stadt Antwerpen geängstigt und auch gebrandschatzt. Auf diesem Zuge aber diente er der Kaiserlichen Majestät als Landsknecht. Wie solches dem Kaiser angesagt wurde, verlangte er den zu sehen, der sich solches zu tun unterstehen dürfe. Marten von Rosse wurde darauf aufmerksam gemacht, der Kaiser kam daher geritten, daß er ihn sehen wollte. Als nun der Kaiser zu ihm kam, tat Marten vor Sr. Majestät einen Fußfall und bat, ihm allergnädigst zu vergeben, was geschehen sei; denn jetzt diene er Sr. Kaiserlichen Majestät, wolle auch für dieselbe und wider ihre Feinde sein Leben nicht sparen. Der Kaiser schlug ihm mit seinem Stocke, den er in der Hand hatte, gar lind auf die Achsel und absolvierte ihn gänzlich mit den Worten: „Wohl, Marten, dies sei Euch vergeben; aber tut es nicht wieder!"

c) Wie der Kurfürst von Sachsen in einem Wirtshaus predigen ließ.

Dem Kurfürsten von Sachsen[1]) sollte keine Kirche freigegeben werden, um sich darin predigen zu lassen; er wählte dazu ein Wirtshaus. Darin ließ er einen Stuhl machen, auf dem der Prediger stand, statt der Orgel gebrauchte er Instrumentalmusik mit Lauten, Querpfeifen, Zinken, Trompeten und Geigen, die ineinander gestimmt waren; das war lieblich zu hören. Der Kurfürst ritt einen Gaul, zum Auf- und Absitzen brauchte er eine Leiter, die wurde unter dem Sattel dem Gaul an den Leib gesetzt.

d) Flagellanten in Speier. — Die Zeremonie der Fußwaschung.

Am Mittwoch in der Karwoche (21. März 1543) gegen Abend, als es zu dunkeln begann, gingen 80 Flagellanten[2]), Manns- und Frauenspersonen, umher in Hemden, hatten das Angesicht mit Tüchern verbunden mit Löchern vor den Augen, daß sie durchsehen, und um den Mund, daß sie Atem holen konnten, auf dem Rücken so weit ausgeschnitten, daß sie mit den Weidenruten, an denen scharfe Angelhaken und andere Instrumente ihnen zur Kasteiung befestigt waren, den bloßen Leib erreichen konnten, wenn sie von beiden Seiten damit herumschlugen. Manche hieben sich und rissen mit den Angelhaken sich das Fleisch heraus — ein gar greuliches Schauspiel —, daß das Blut häufig auf die Erde floß. Sie gingen gar langsam, der eine hinter dem andern her, auf beiden Seiten zogen, wie es schien, angesehene spanische Herren, ein jeder hatte ein großes Wachslicht in der Hand, daß es in der Gasse, darin sie gingen, gar licht war, und gingen in die Barfüßer Kirche. Dorn in der Kirche knieten sie nieder und krochen also zum Kreuz, das vor dem Chore aufgestellt war. Dorn in der Kirche waren Chirurgen, die die Verwundeten verbanden. Man sagte, daß zwei aus der Kirche tot getragen worden wären.

Auch wuschen die Kaiserliche und die Königliche Majestät (Ferdinand) ein jeder 12 armen Leuten, nachdem vorher

---
[1]) Johann Friedrich.
[2]) Geißler.

erkundet, daß sie nicht ungesund waren und sie sich vorher die Füße gewaschen hatten, die Füße; sie hatten sich mit einem Handtuch umgürtet, trockneten ihnen die Füße und ließen einen Tisch zurüsten, daran sie aßen. Ihre Majestäten dienten ihnen bei Tisch und nötigten sie mit diesen Worten zu essen und zu trinken: „Meine Freunde, esset und trinket!"

e) Von der Teuerung auf dem Reichstage.

Während des Reichstags war — wie es zu geschehen pflegt, sonderlich wenn so viele große Herren beieinander sind — alles sehr teuer, insonderheit Fisch. Ein Salm, der im Rheine gefangen war, kostete 16 Taler; der Einkäufer des Herzogs Albrecht von Mecklenburg bezahlte die Hälfte eines Salms mit 8 Talern.

f) König Ferdinand gibt dem Landgrafen von Hessen das Geleit.

Als nach Verlesung des Reichstagsabschieds die Herren abzogen, gab König Ferdinand mit seinen beiden Söhnen Maximilian und Ferdinand dem Landgrafen (Philipp von Hessen) das Geleit. Indem der König wieder nach der Stadt zurückzog, erhob sich ein so schreckliches Unwetter mit Hagelsteinen wie Walnüsse so groß und größer; das tat an Fenstern zu Speier für etliche hundert Gulden Schaden. Des Königs Reiter, Hatschiere und Trabanten wurden auseinander gescheucht, ein jeder sah, wie er sich rettete; es ging gegen den Abend, daß es finster wurde. Als zu Speier die Tore verschlossen wurden, kamen sie endlich vor die Stadt, und da sie nicht eingelassen werden konnten, legten sie sich in die Gräben, um nur das Leben zu retten. Bald nachher kam auch der König Ferdinand ganz allein geritten, rief und pochte an, daß sie auftun sollten, und sagte, er wäre Ferdinand, der römische König. Da man nun merkte, daß dem also sei, wurden viele brennende Fackeln herzugebracht und die Stadt geöffnet. Da war seine erste Frage, ob auch seine Söhne hereingekommen wären. Als man sagte: nein, hub an ein Reiten, Rennen, Laufen, Fragen, bis sie mit wenigen Hatschieren dahergeritten kamen. Die Trabanten entschuldigten sich mit der ausgestandenen Lebensgefahr und bezeugten sie mit den Wunden, die sie am Leibe hatten; sie mußten sich vor dem Könige entblößen; da sah man, wie sie der Hagel durch die Kleider hindurch am ganzen Leibe zerschrammt hatte. Auch bestätigten alle Reiter, daß der große und scharfe Hagel den Pferden so lästig gewesen wäre, daß sie ihrer nicht mächtig geblieben und es ihnen unmöglich gewesen wäre, beieinander zu bleiben und, wie es ihnen gebührt hätte, den Söhnen des Königs aufzuwarten.

Zwölftes Kapitel.
Sastrow in der Kanzlei zu Pforzheim¹).

a) **Wie Sastrow von Engelhart um seinen Lohn gebracht ward.**

Es gab viel Schreiberei, sonderlich von Bittschriften, deren mein Gesell und ich viele anzufertigen bekamen, vornehmlich für Juden, die sich im Lande Schwaben und Pfalz in Städten und Flecken aufhielten. Die ließen viele Bittschriften an Kaiserliche Majestät, diesen und jenen Fürsten anfertigen, bezahlten auch gut. Unser Herr Doktor sah es wohl, daß wir nichts umsonst taten, und ließ uns unsern Willen. Da es uns auch viel Geld eintrug, waren wir desto fleißiger und eifriger, nahmen manchmal die Nacht zu Hilfe und hofften, auf dem Reichstage gute Beute zu erlangen. Was wir auf diese Weise verdienten und was uns sonst von unseres Herrn Klienten, die selbst auf dem Reichstage waren, zuteil wurde als Trinkgeld, damit wir uns in ihren Sachen desto fleißiger erzeigten, das steckten wir in eine eiserne Büchse, die mit festem Verschluß versehen in der Schreibstube auf dem Sims aufgeschraubt war; dazu hatte der Doktor den Schlüssel, also, daß wir die Büchse weder wegnehmen noch zu dem Gelde kommen konnten, das wir darein gesteckt hatten, und ich zweifelte nicht, daß wir über 100 Kronen darin hätten, ohne allerlei kleinere Münze, so auch nicht wenig war; das alles, hoffte ich, würden wir unter uns teilen. Aber als ich meinem Herrn Dr. Engelhart meinen Entschluß meldete und um Urlaub bat, ging

---

¹) Teil I, Buch 5, Kap. 25; Buch 6, Kap. 1, 3, 4, 6—9.

er mit mir in die Schreibstube, schloß das eiserne Lädchen auf, nahm alles daraus, was darin war, ein artiges Häuflein von Kronen, Goldgulden, Batzen, Marcellen ¹), Schreckenbergern ²), Spitzgroschen u. a. schöner deutscher und welscher Münze. Davon gab er mir und meinem Gesellen einem jeden eine Krone, das andere, aller Ertrag unserer schweren Arbeit bei Tag und Nacht, nahm er an sich, trug es in seine Kammer, und wir blöden Tröpfe hatten das Nachsehen. . . .

b) **Von der Reise nach Pforzheim; Pforzheims Lage.**

Als ich nun Abschied von Speier genommen hatte, gab mir mein Bruder das Geleit bis nach Rheinhausen; dort nahmen wir voneinander Abschied, er fuhr wieder über den Rhein und nach Speier zurück, ich aber zog durch Bruchsal, des Bischofs von Speier Hauptstadt, von da durch Heidelsheim und Bretten, die Vaterstadt Philipps Melanthon — die beide dem Kurfürsten von Heidelberg gehören — nach Pforzheim, woselbst ich am 24. Juni des Jahres 1544 in die Kanzlei eintrat.

Pforzheim ist nicht groß, hat nur eine Kirche, liegt ganz im Grunde (Tale) an einer schönen lustigen Wiese, durch die ein klares gesundes Wasser läuft, das allerlei wohlschmeckende Fische birgt. Daran kann man des Sommers gar gute Kurzweil haben. Auch liegt es zwischen überaus hohen Bergen, die einer Wildnis nicht ungleich mit Wald bewachsen sind, der gutes Wildbret gibt. Das fürstliche Schloß liegt an sich niedrig, aber im Verhältnis zur Stadt ziemlich hoch. Übrigens hat die Stadt viele gelehrte, bescheidene, freundliche und wohlerzogene Leute und alles, was man zu Leibes Notdurft, auch zur Erhaltung des zeitlichen Lebens in Gesundheit und Krankheit vonnöten hat: Gelehrte und Ungelehrte, Apotheker und Barbiere, Wirtshäuser und allerlei Handwerker, nichts fehlt. Predigt und

---

¹) Verkleinerungswort von marca (Mark).
²) Schreckenberger oder Engelgroschen war der Name einer kursächsischen Münze, die aus Silber der Grube am Schreckenberg bei Annaberg geprägt, einen Engel mit dem Kurschild als Abzeichen führte.

Gesang waren evangelischer Religion. Am Hofe wurde sparsam hausgehalten, wenn auch fürstlich und ehrbar — freilich weitab von der pommerschen Art; es gab Fleisch und Fische, allerlei Zugemüse, gesottene Feigen, Haferbrei, mancherlei Kraut, reichlich Brot, und ein jeder erhielt in einem zinnernen Becher ungefähr anderthalb „Stück"¹) Tischwein, womit man, besonders im Sommer, nicht wohl auskommen konnte. Am Tisch der Räte wurde zweimal eingeschenkt. In der Kanzlei hatte man täglich genug zu tun; wir hatten darin einen gar alten, 70jährigen Sekretär, desgleichen einen alten Kanzler, einen sehr mürrischen Doktor des Rechts, wie man solches im folgenden lesen wird.

c) Ein Schreiberstreich.

Im Jahre 1545 wurde zu Pforzheim zwischen Markgraf Ernst und den Söhnen des Markgrafen Bernot, Sr. fürstl. Gnaden Herrn Bruders, der zu Baden Hof hielt, ein Erbvertrag geschlossen, und die fürstlichen Räte und Gesandten wollten nicht voneinander gehen, ehe nicht die Vertragsbriefe ins Reine niedergeschrieben und besiegelt wären. Mir wurde der eine unter die Hände gegeben, um ihn mit kleiner Fraktur ins Reine zu schreiben; der war so lang, daß man die größte Kälberhaut dazu nehmen und auch dann noch sehr eng schreiben mußte. Ich war darüber nicht wenig bekümmert, denn wir hatten einen gar mürrischen und schnurrigen Kanzler; bei dem mußte sich einer gar wohl vorsehen, wenn er ihm sollte genug tun; denn wenn man etwa ein Wort radierte, und machte man's auch noch so fein, daß man die Rasur nicht sehen konnte, so ließ er sich wohl zu Mittag ein helles Licht anzünden, hielt den Brief dagegen, und dann sah man's bald. Fand er dann etwas radiert, so ging's einem gar übel mit Scheltworten.

Nun hatte ich an diesem Briefe bereits zwei Tage geschrieben und hatte es übersehen, daß ich mehr als eine ganze Zeile im Konzept überschlagen hatte. Da mußte ich bei meiner Seele keinen Rat, denn es würde nicht ausgeblieben sein, ich hätte im Turme etliche Tage das Schmerzensbrot essen müssen. Da ersann ich folgende List.

---

¹) Hier Bezeichnung für ein kleines Maß.

Das Schloß Pforzheim liegt hoch oben auf dem Berge, die Kanzlei unten in der Stadt. Als man nun zu Mittag bei Tische saß, blieb ich als der letzte in der Kanzlei, ergriff eine Katze, tunkte ihr den Schwanz ins Tintenfaß und jagte sie über den Brief. Da wurde der ganze Brief mit Tinte besudelt, und die Spuren der Katzenfüße blieben auf dem Briefe; ich schloß die Katze in die Kanzlei ein und ging zu Tisch. Nach dem Essen ließ ich die andern Kanzleibeamten vor mir hinuntergehen. Als die die Kanzlei aufschlossen, sprang ihnen die Katze unter die Augen; auf dem Tische sahen sie, wie sie hausgehalten hatte. Als ich hernach kam, zeigten sie mir den Brief und sagten, wie ihnen die Katze aus der Kanzlei entgegengesprungen sei; sie konnten freilich nicht wissen, wer sie eingeschlossen hatte. Ich war natürlich verdrießlich und übel damit zufrieden, daß ich Fleiß und Arbeit hätte umsonst daran gewendet, so daß sie mir noch gut zureden mußten. So bestand ich mit allen Ehren.

d) Vom Markgrafen Ernst.

Mein gnädiger Herr hatte den Gebrauch, wenn er einen Gefangenen im Turme sitzen hatte, den man abtun (hinrichten) sollte, so ließ er den, wenn er hinausgebracht werden sollte, vor sich kommen und bat ihn um Verzeihung für das, was er an ihm tun müßte. Er hieß ihn aber nicht verzagen, denn der Sohn Gottes hätte nicht um der Gerechten, sondern um der Sünder, also auch um seinetwillen sein Blut mildiglich vergossen, daran dürfte er nicht zweifeln. Damit gab er ihm die Hand und ließ ihn hinwegführen.

Markgraf Ernst hatte sein Gemach über der Pforte des Hauses, so daß er alles sehen konnte, was herauf oder herunter ging. Einstmals nahm der Küchenmeister einen schönen großen Karpfen mit hinunter, der war so groß, daß der Schwanz unter dem Mantel herausguckte. Der Markgraf rief ihn zurück und sagte: „Hörst du, wenn du mir wieder einen Karpfen stehlen willst, so nimm entweder einen kleineren Fisch oder ziehe einen längeren Mantel an."

Einmal brachte man etliche Fässer Wein in den Keller; da kamen zwei Köche aus der Küche, die wollten hinuntergehen; der eine hatte zwei rein gemachte Kapaune hinten in den Riemen gehängt; als der Herr ihnen zuruft, sie sollten mit Hand anlegen, springen sie zu und werfen den Mantel ab; der, welcher die Kapaune mitgenommen hatte, vergißt derselben. Als er mit an dem Seile arbeitete, wippten ihm die Kapaunen auf den Lenden; das Frauenzimmer[1]) mußte auch kommen und die Kurzweil mit ansehen, und also wurden beide vor dem ganzen Hofgesinde beschämt.

e) Bartholomäus Sastrow in großer Gefahr.

Um diese Zeit wurde der Reichstag zu Worms ausgeschrieben, der dann im folgenden Jahre, den 24. März, anging. Deswegen hatte ich mit meinem Bruder notwendig zu reden. Damit ich nun solche Reise desto eher verrichten könnte, mietete ich mir zu derselben einen Klepper; den einen Tag ritt ich nach Speier hinein, den andern wieder zurück nach Pforzheim. Aber da ging's hart am Tode vorbei. Denn als ich zu Brettheim aus der Herberge ritt, kam einer zu mir aus einer andern Herberge geritten und fragte mich, wohinaus ich wollte. Als ich antwortete: „Nach Pforzheim," spricht er: das wäre gerade recht, das sei auch sein Weg, er wolle mir gute Gesellschaft leisten. Als wir eine Meile weit nebeneinander geritten waren, kamen wir an einen Fußsteig, den ich oft gegangen war und der uns über eine Wiese führte. Am Ende derselben, hart am rechten Fahrwege, waren vier Pfähle eingerammt, darauf man treten konnte, um wieder in den rechten Weg zu kommen. Wie ich nun nicht zurück, sondern darüber reiten wollte, trat der Klepper mit dem linken Vorderfuße zwischen die Pfähle, und ehe er den Fuß im Gehen wieder herausziehen konnte, trat er auch mit dem Hinterfuße dazu hinein, verschränkte sich also mit beiden Füßen darin und stürzte auf die linke Seite. Mein Gefährte schrie mir zu, ich sollte das Pferd beim Kopfe ergreifen, daß es nicht aufstehen könnte, sondern liegen bleiben müßte. Das befolgte ich. Er stieg von seinem Pferde, machte an dem andern den Gurtriemen und alles los, also daß der Klepper

---

[1]) D. i. die fürstlichen Frauen.

frei wurde, gebot mir, dem Klepper den Kopf loszulassen, und sprach dem Pferde mit einem Peitschenhieb zu, worauf es mit einem Sprunge aufstand, während ich mit dem Sattel liegen blieb. Da stellte sich's heraus, daß ich mit dem linken Sporn in den Gurtriemen gekommen war. Wenn ich also nicht nach Gottes gnädigem Willen den Helfer bei mir gehabt hätte, sondern allein gewesen wäre, so hätte das Pferd beim Aufstehen mir vorerst den Schenkel zermalmt und in der Folge mich ganz und gar zu Tode geschleift.

Als nun mein Gefährte mich aus solcher Not und Gefahr gerettet hatte, sagte er, sein Weg gehe nicht weiter mit mir. Ich erinnerte ihn daran, daß er zu Brettheim gesagt hätte, sein Weg gehe durch Pforzheim, er sollte weiter mit mir reiten. Er aber wünschte mir gute Nacht und wollte mich Gott und seinen Engeln befohlen haben. Ich bat ihn, mit mir ins Wirtshaus zu reiten, ich wollte ihm ein Mäßlein Wein zum besten geben. Er sagte nein, er müsse fortreiten, er würde sonst erst auf den Abend spät in die Herberge kommen. Ich kann kaum anders denken, als daß es ein heiliger Engel gewesen ist, der mich aus bevorstehender Gefahr befreit hat.

f) Sastrow verläßt Pforzheim.

Mein Bruder und ich beschlossen, daß ich von dem Markgrafen Urlaub nehmen und auf den Reichstag ziehen sollte; dort würde das Kammergericht ohne Zweifel wieder besetzt werden, so daß ich mich auch der Sache meiner Eltern wegen wiederum nach Speier begeben könnte. Das tat ich und erlangte auch Urlaub, und S. F. G. hat mir neben der Hofkleidung einen halben Schillingsgulden geben lassen....

Den 17. April gab mein seliger Bruder mir das Geleit bis zur Hälfte, 1½ Meile von Speier; da nahmen wir beiderseits unter Tränen Abschied. Das Herz mußte es uns wohl sagen, daß wir einander nicht wiedersehen, noch mündlich oder schriftlich uns unterreden würden; denn den andern Tag reiste er von Speier nach Italien ab.

Dreizehntes Kapitel.

Sastrow in Worms und als Schreiber beim Komtur des Johanniterordens [1]).

a) Vom Wormser Reichstag.

Der Wormser Reichstag begann am 24. März des Jahres 1545; da aber die Kaiserliche Majestät durch das Podagra in den Niederlanden verhindert wurde, zur ausgeschriebenen Zeit in Person in Worms zu erscheinen, ließ er durch den Römischen König [2]) am 24. März den Reichstag eröffnen. Nur wenige Fürsten waren persönlich erschienen, deswegen hatten auch die proponierten (d. h. zur Verhandlung gestellten) Sachen nur langsamen Fortgang.

Als aber schließlich die Kaiserliche Majestät selbst in Worms ankam und die Sachen so beschaffen fand, daß darin nichts Fruchtbares verhandelt, noch etwas Dauerndes beschlossen oder verabschiedet werden konnte ohne persönliche Anwesenheit von Kur- und andern Fürsten, wurde der Reichstag auf das Jahr 1546 verschoben und nach Regensburg verlegt, so daß also auf diesem Wormser Reichstag das Kammergericht nicht wieder besetzt wurde.

b) In welcher Armut Sastrow zu Worms leben mußte.

Zu Speier wurde ich von dem gottlosen, teuflischen, bösen Weibe arg geplagt, aber auf diesem Reichstag habe ich die größte Armut, Hunger und Durst erlitten....

All mein Vermögen trug ich auf dem Leibe, nämlich das Hofkleid, das ich zu Pforzheim in der markgräflichen Kanzlei verdient hatte, zwei Hemden mit dem, das ich anhatte, ein Rapier mit einem silbernen Griffbande und an Gelde sechs Gulden, die mir der Markgraf hatte geben lassen. Die konnten an dem Orte nicht weit reichen; mein Handwerk wollte wegen Abwesenheit des Kaisers nicht in Schwung kommen; für die Schreiberei war wenig zu tun; gleichwohl

---

[1]) Teil I, Buch 7, Kap. 1, 2, 4; Buch 8, Kap. 1, 3—5, 10, 11, 14.

[2]) Ferdinand.

habe ich mich daselbst vom 18. April bis zum 9. Juli, also 12 Wochen, aufgehalten.

Die ersten 14 Tage hatte ich Herberge in dem Hofe des Bruders des Dompropstes zu Speier, der Dompropst zu Worms war; als der nach Mainz hinunterfuhr, wurde der Hof geschlossen.

Nun war Moritz Damitz, Hauptmann zu Ukermünde, von den Herzögen zu Pommern auf diesen Reichstag geschickt worden; der kannte nicht allein meinen Bruder und mich, sondern auch meine Eltern und ihre Lage, erbot sich auch, da ich Geld brauchte, mir vorzustrecken, er könne erwarten, es von meinen Eltern wiederzuerhalten.

Der Lübische Syndikus war auch da und mit ihm Franz von Stiten, mit dem ich zu Rostock studiert hatte; die hätten mich auch in meiner Not nicht stecken lassen. Aber ich wollte durch Aufnehmen von Geld, das meine Eltern bezahlen mußten, sie nicht beschweren, darum habe ich mich beholfen, habe gehungert und gedurstet, wie folgt: ... Ich ging wohl mit meinen Landsleuten aus Mecklenburg und Pommern, auch solchen von Lübeck, wie auch mit meinen Bekannten aus dem Ort, vor- und nachmittags spazieren, ließ mir aber nichts merken; wenn's aber Essenszeit war, ging ein jeder in seine Herberge. Ich aber kaufte mir für einen pfalzgräfischen Pfennig — das ist etwa soviel wie ein Vierken (¼ Schilling) Brot, aß dasselbe, und am Brunnen hatte ich das Trinken umsonst; gar selten geschah es, daß ich in der Garküche ein Süpplein und darin ein Stücklein Fleisch von der Größe eines Hühnereis dazu kaufte.

Nach dem Nachtessen, wenn man schlafen gehen wollte, ging ich in die Garküche und gab einen Kreuzer, daß ich die Nacht über auf der Bank liegen konnte; um im Bett zu liegen, hätte ich einen halben Batzen, das ist etwa ein Schilling Lüb., geben müssen; aber ich lag lieber auf der Bank als im Bett, denn meine selbst gezeugten Läuse machten mir Ärger genug, ich brauchte keine fremden Gäste zu laden.

Das silberne Band am Rapiergriff verkaufte ich und ließ ein eisernes darauf setzen. Das eine Hemd mußte ich auch verkaufen für den Preis, den man mir gab, daß ich nur trockenes Brot zu kaufen hätte, denn die sechs Gulden gingen zur Neige; und wenn das andere, das ich an hatte, schwarz genug war, ging ich an den Rhein, zog es aus, wusch es und saß so lange nackt in der Sonne, bis es wieder trocken geworden war; ich konnte kein Geld ausgeben fürs Laugen, Wärmen, Seifen, Mangeln, Plätten und Aufwickeln. Als mir die Hosen zerrissen waren, daß ich sie selbst nicht mehr flicken konnte, sondern sie mir über die Schuhe herabhängen wollten, bin ich, da ich sie zu Worms nicht unter 1 Batzen, das ist 3½ Stralsunder Schillinge, zu Speier aber um ½ Batzen geflickt erhalten konnte, hinauf nach Speier gegangen (6 Meilen Wegs), und da zu Speier die Tore, als ich an die Landwehr (Wall) kam, verschlossen waren, lag ich die Nacht über müde, hungrig und durstig im Graben und fror; den andern Tag ging ich, als die Stadt geöffnet wurde, zu meinem Schneider, legte bei ihm meine Kleider ab und saß so lange bei ihm, bis die Hosen gemacht waren; dann ging ich stracks wieder zurück, hinab gen Worms, lief also heraus und hinein 12 Meilen, nur um ½ Batzen zu sparen.

Von solchem bösen Essen, Trinken und Wohnen wurde ich nicht allein ungestalt, sondern auch grindig, ja so grindig, daß ich, wenn ich etwas zu schreiben bekam, nicht eine Feder in der Hand halten konnte.

c) Wie Sastrow beim Rezeptor des Johanniterordens unterkam.

Weil auf dem Wormser Reichstag das Kammergericht nicht besetzt wurde — worüber ich sehr bekümmert und betrübt war —, wußte ich nicht, wo ich bleiben oder was ich anfangen sollte. Denn mein Vater war nicht so gestellt, ich auch nicht so ausstaffiert, daß ich den Gedanken hätte fassen können, mich nach Hause zu begeben.... Da sagte mir des Bischofs von Straßburg Kanzler, daß sie in ihrer Kanzlei noch einen Schreiber brauchten und er mich gern bei sich haben wollte; er wolle darüber an seinen Herrn, den Bischof, schreiben. Von dem bekam er abschlägige Antwort, weil die Pommern evangelischer Religion wären. Doch verschaffte er mir durch den Sekretär des Johanniterordens bei dem Rezeptor (Einnehmer) desselben Ordens einen Dienst, wodurch ich in meinen großen Sorgen ge=

tröstet und alle Traurigkeit, die ich bisher auf diesem Reichs=
tage ausgestanden hatte, in Freude verwandelt wurde.

Den 9. Juli 1545 nahm mich Christoph von Loewenstein,
Rezeptor des St. Johannesordens in Ober= und Nieder=
deutschland, der in Rhodos mit gewesen war, als es die
Türken eroberten (1522), zum Schreiber an, versprach mir
aber keine bestimmte Besoldung, sondern nur ein Kleid und
Stiefeln, wie er es seinen andern Dienern gebe, verhieß
mir jedoch, mir mehr zum Lohne zu geben, daß ich wohl
mit ihm zufrieden sein sollte.

Dieser Rezeptor hatte für sich sieben Komtureien (zu
verwalten), konnte also wie ein großer Herr mit acht Pferden,
die er für gewöhnlich auf der Streu im Stalle hatte, reiten.
Er ließ mir in Worms so viel Geld, daß ich von da nach
Oppenheim auf dem Rollwagen und zu Wasser auf dem
Rhein hinab nach Mainz ihm folgen konnte — woselbst er
etliche Tage zu verharren gedachte. Unter den sieben
waren die zu Mainz, Frankfurt und Niederweißel ihm
die gelegensten, dahin er auch oftmals ab= und zuzog.
Niederweißel liegt in der Wetterau, einen halbviertelsweg
unterhalb Butzbach und eine Meile Weges oberhalb Frei=
burg; ist eine Reichsstadt, darin ein Ganerbenhaus¹), dicht
an der Straße auf Frankfurt a. M.

Zu Niederweißel hielt er sich die meiste Zeit im Jahre
auf, denn da hatte er ein stattliches Bauwerk und allerlei
Leibzucht, im Hofe große Räume, einen Platz, welcher mit
vielen Zimmern, Dieh= und Marställen, Brauhaus, Backhaus,
Küche nebst Konventstuben und Schlafkammern fürs Gesinde
ordentlich bebaut war; für sich hatte er an einem Ende des
Hofs eine schöne Stube und Kammer, von der aus er über
den ganzen Hof sehen konnte; eine Zugbrücke führte über
einen tiefen Wassergraben. Das war für mich eine große
Veränderung, denn während es mir in Worms an allem
mangelte, hatte ich in diesem Dienste vollauf; ich kam recht
ins Schlaraffenland und in den Venusberg.

Mein Herr war in seiner Jugend, als Rhodos von den
Türken erobert wurde, dort mit belagert worden; er war
wohl klein von Person, hatte sich aber so männlich wider

---

¹) Ein Haus in Gemeinschaftsbesitz, für welchen Teilung aus=
geschlossen war.

den Feind gehalten, daß der Meister ihm die sieben Komtureien und dazu die sehr ertragreiche Würde eines Rezeptors übertrug. Er war also von Jugend auf ein Kriegsmann gewesen und blieb das auch bei solchem stattlichen Einkommen sein Lebelang mit täglichem Bankettieren, stattlichem Essen, Saufen, nimmer ohne Gesellschaft. Da seine Komturei an der Landstraße lag und Reiter und Landsknechte freie Lagerstatt darin hatten, fehlte es ihm daran nicht, und im übrigen ließen ihn seine Nachbarn, die wohl wußten, wie gut sie bewirtet wurden, nicht unbesucht, soffen, spielten und lebten im Saus miteinander.

Er hatte stets eine Geliebte, die Tag und Nacht seines Leibes wartete, von Gestalt gar schön; die kleidete und schmückte er seinem Stande und Einkommen nach zierlich, und wenn er nach einer jüngeren verlangte, so verheiratete er jene mit einem seiner reitenden Diener, verschaffte ihnen eine eigene Wohnung in Butzbach und versorgte sie mit dem, was sie zum Unterhalt gebrauchten, wo er sie dann auch, so oft er wollte, besuchen konnte.

Zu meiner Zeit hatte er Maria Königstein, die nachgelassene Tochter des Stadtschreibers zu Mainz, und seine, des Herrn, Patin, die er aus der Taufe gehoben hatte.... ein gar schönes, wohlerzogenes, höfischer Sitten kundiges und freundliches Mensch (Mädchen); nur schade, daß sie nicht besser bevormundet wurde [1]). Er hielt sie sauber mit seidenen Kleidern, goldenen Hauben, goldenen Ringen, Joppen mit Marderpelz gefüttert usw.

Der Herr Rezeptor und Komtur war mir gewogen.... Ich wurde stracks einem seiner reisigen Knechte gleich gekleidet und von seiner Geliebten, Frau Maria, mit Hemden, Fazenettlein (Taschentüchern) und Nachthauben stets rein und sauber versehen, mir auch zunächst an der Fallbrücke eine reinliche Schlafkammer angewiesen, darin ich nicht allein das Bett hatte, sondern auch meine Schreibarbeit verrichten konnte. Alle Mahlzeiten aß ich an des Herrn Tische, an dem neben dem Herrn die Gäste, Maria, der Pfaffe und die drei reitenden Diener saßen. Dadurch wurde ich wohl gekleidet, bekam ein silbernes Griffband aufs Schwert, ein

---

[1]) Der Komtur war selbst ihr Vormund.

goldenes Ringlein über den kleinen Finger und ein besseres Aussehen im Gesicht, je mehr die Häßlichkeit, die mir der Wormser Hunger, Durst, die böse Lagerstatt, der Grind und die Kümmernis verursachte, verging und ich allenthalben glatthaariger und bei jedermann angenehmer wurde.

Meine Schreibarbeit und ordentliche Arbeit war gering; nur mußte ich manchmal nach Marburg oder Kassel reiten. Der Landgraf zu Hessen hatte nämlich in seinem Lande etliche Komtureien, deren Gebührnisse mein Herr als Rezeptor einzusammeln und an den Herrenmeister nach Malta durch Wechsel zu schicken hatte. Die hessischen Kommendatoren aber waren wenig geneigt, die schuldige Zahlung zu leisten; überdem war auch der Landgraf von Hessen, der auch einen Teil seiner Besitzungen in der Wetterau hatte, mit meinem Herrn durchaus nicht zufrieden, denn der war weder papistisch, noch lutherisch, sondern Mitglied eines ritterlichen Ordens, bekümmerte sich wenig um die Religion, weswegen leicht etwas zwischen ihm und dem hessischen Hofe vorfiel, abgesehen davon, daß er, wie gesagt, Grund hatte, sich über die Komture im Lande Hessen zu beklagen.

Der Herr hatte einen alten Affen, einen starken und, wenn er erzürnte, bösen Schelm, der hing an einer Kette, wollte niemand vertrauen als dem Herrn selbst, dem Bäcker und mir. Doch mußte man sich wohl vorsehen, wenn er erzürnt war, einem die Zähne zeigte und sich gebärdete, als lachte er einem zu. Ich setzte mich wohl zu ihm, aber ohne seine Erlaubnis konnte ich nicht von ihm loskommen, sondern mußte es geschehen lassen, daß er sich mir auf die Achseln setzte und mir, so lange es ihm beliebte, den Kopf kraute; wenn ich dann bemerkte, daß er dessen etwas müde sei, und ihm die Hand gab, ließ er mich im Frieden von sich gehen.

Einmal kam ein Landsknecht, ein feingewachsener Kerl, der hatte einen „Federspieß" und heischte eine Suppe. Der Affe war von seiner Kette losgekommen, sprang auf diesen zu, nahm ihm den Federspieß aus den Händen, warf ihn fort, biß den Landsknecht und richtete ihn an Händen und Gesicht zu, daß es zum Erbarmen war; dann kam er über den Graben vor des Herrn Gemach, schob das Fenster in die Höhe und kam ins Gemach selbst. Der Herr sah, daß der Affe aufgebracht war, und wußte nicht, wie er seiner los werden sollte trotz der guten Worte, die er ihm gab. Nun hatte er auf dem Gesims seinen silbernen Dolch liegen, den gürtete sich der Affe um; der Herr zog leise den Dolch heraus und durchstach den Affen, und obwohl dieser ihn in die Hände biß, so hielt er ihn gleichwohl auf dem Sims fest, bis ihm die Kraft ausging und er den Geist aufgab....

Nach der Ernte wollte sich der Herr etwas mit dem Falken, der gut abgerichtet und deswegen dem Herrn sehr lieb war, auf der Rebhuhnjagd ergötzen. Er ließ sich also den Blauschimmel-Zelter zurichten, satteln und zäumen und aus dem Stalle ziehen. In dem Augenblicke, da er aufsitzen will, kommen fremde Reiter auf den Hof geritten, daß er die Kurzweil, die er vorhatte, aufgeben mußte. Er gab mir also den Falken in die Hand und befahl mir, fort ins Feld zu reiten. Wie ich nun aufsitzen und das rechte Bein über den Sattel schlagen will, schlägt der Vogel mit seinen Flügeln. Davon erschrickt der Gaul, reißt den Zügel dem Stalljungen aus der Hand, ehe ich das Bein über den Sattel kriege. Ich sorgte mich mehr um den Falken, daß dem kein Schaden zustieße, als um mich selbst; den linken Fuß hatte ich im Steigbügel, aber auf der linken Hand führte ich den Falken, und mit der andern Hand allein konnte ich mich nicht halten, sondern fiel herunter. Der Gaul tat einen Sprung nach dem andern, schleifte mich den Hof auf und nieder, daß mir das Blut aus Nase und Mund lief, und schlug nach mir, wie ich auf der Seite hinter ihm herschleifte. Der Herr und die angekommenen Gäste standen und sahen zu, keiner konnte mir mehr helfen, bis schließlich der Schuh und der untere Teil der Hose am linken Bein losging und im Steigbügel stecken blieb. Ich blieb auf dem Platze liegen, war aber des Gaules ledig geworden ohne weiteren Schaden, als daß mir das Gesicht dick geschwollen war.

Im Jahre 1546 im Februar lag mein Herr mit seiner ganzen Haushaltung zu Mainz.... Da bekam ich ein Schreiben meiner Eltern, darin sie mir den in Rom erfolgten Tod meines Bruders meldeten, worauf ich mich entschloß, nach Italien gen Rom zu reisen. Dazu hatte ich folgende Beweggründe: ich war gesund, wohl gekleidet und hatte den Säckel wohl gespickt. Das unordentliche Leben im Johanniter-

orden konnte mich eher zur Hölle als zum Himmel führen.
Bei dem Geld, das ich in dem Dienste erobert, würde, so
meinte ich, wenig Gedeihen oder Glück sein; ich wollte es
also auf der Reise verzehren und mich des gottlosen Lebens
entäußern. Dazu war's nunmehr hohe Zeit. Auch brauchte
ich mich nicht mit den w a h r s c h e i n l i c h e n Ursachen
des Todes meines Bruders begnügen, sondern konnte er=
fahren, wie es in Wahrheit mit den Umständen seines
Sterbens stand. Ich wußte, was er bei sich gehabt hatte,
als er zu Speier von mir schied; es war nicht möglich, daß
er alles in der kurzen Zeit sollte verzehrt haben. Das
wollte ich an mich bringen. Über meinen Plan sagte ich
Frau Maria, so viel ihr davon zu wissen dienlich war, und
nahm von ihr freundlichen Abschied. Sie gab mir einen
Brief an den Herrn mit und schrieb ihm, was sie mir zum
Abschied gegeben habe, stellte es auch in seinen Gefallen,
ob er mir noch etwas darüber geben wollte. Als ich nun
zu Speier zum Herrn kam und er von mir die Ursache meiner
geplanten Reise erfuhr, wünschte er mir Glück dazu, er=
mahnte mich, um Erhaltung meines Lebens willen mich in
Italien, sonderlich in Rom, nicht über die Religion in Dis=
putationen einzulassen, und gab mir über das hinaus, was
ich von Maria laut ihres Schreibens erhalten hatte, einen
doppelten Dukaten.

Von Speier zog ich nach Pforzheim, denn es lag mir
nicht weit aus dem Wege, und verabschiedete mich daselbst
auch von meinen Freunden. Von da begab ich mich ganz
allein auf meinen „Apostelpferden" (d. h. zu Fuß) auf den
langen und weiten Weg und verließ mich schlechthin auf
die gnädige Beschirmung und Beschützung meines lieben
Gottes, dessen gnädige Gegenwart ich auch empfunden habe.

Vierzehntes Kapitel.

Reise nach Italien [1]).

a) Von Mainz bis Trient.

Am 8. April 1546 brach ich auf von Mainz und ging
36 große Meilen bis nach Kempten, einer alten Reichs=

---

[1]) Teil I, Buch 9, Kap. 1, 2, 4—7.

stadt (darin auch eine ansehnliche Abtei liegt), auf rauhem, mir vorher unbekanntem Wege ganz allein; mir begegnete auf demselben nichts Hinderliches noch Verdrießliches, nur daß ich müde und mir der Weg in Ermangelung von Gesellschaft langweilig wurde. Aber hart vor Kempten, als die Sonne unterging, einen Viertelsweg vor der Stadt, kamen von der rechten Hand her querfeldein zwei voll ausgewachsene Wölfe gelaufen. Linker Hand vom Wege war ein kleines Eichengehölz, dahin schienen sie laufen zu wollen. Wie sie auf den Weg kamen, etwa einen Steinwurf von mir entfernt, wendeten sie sich gegen mich und blieben stehen. Ich dachte, es würde mit mir aus sein, denn ging ich zurück, so wären sie mir nachgelaufen, ging ich auf sie zu, so kamen sie um so näher an mich heran. Darum blieb ich ruhig auf meinem Platze stehen und befahl mich unserm Herrgott. Dann ging ich beherzt weiter, die Wölfe aber wendeten sich von mir ab und liefen nach dem Gehölz zu. Auch ich hielt mich nicht länger auf, einmal wegen der von den Wölfen drohenden Gefahr und dann, weil der Tag sich neigte, damit ich in die Stadt vor dem Zuschließen käme. Da ich nun solches in der Herberge berichtete, sagten sie, ich dürfte mich darüber nicht wundern, denn im Gebirge gäbe es des Raubzeugs viel, und es nehme sie wunder, daß ich den Wölfen dergestalt entronnen sei, dafür hätte ich dem gnädigen Gott höchlich zu danken.

Zu Kempten blieb ich zwei Nächte, denn sie sagten, es geschähen viele Morde im Gebirge . . . und rieten mir, nicht a l l e i n mich hineinzubegeben. Da kamen zunächst drei Niederländer, die wollten nach Rom und Neapel; ich dachte, das wäre eine rechte Gesellschaft für mich; nachher bekamen wir noch mehrere Gefährten, die nach Venedig wollten. So zogen wir miteinander. Alle Abende oder je einen Abend um den andern setzten wir die Beine bis fast an die Knie in fließendes Brunnenwasser, das zieht Hitze und Müdigkeit trefflich heraus, daß einer gar frisch wird. Das lehrten mich die Niederländer. Wir kamen also zu Ostern nach Trient, während des Konziliums, jedoch ehe wir nach Trient kamen, in ein großes Dorf oder einen Markt, wie sie's nennen, wenn ein Ort zu groß zum Dorf und zu klein zur Stadt ist und gleichwohl etliche Häuser von behauenen Steinen darin sind; dort erfrischten wir zu Mittag auch die Beine im fließenden Wasser, kochten uns selber unser Mahl von Milch und Eiern und was wir sonst bekommen konnten, und baten Wirt und Wirtin dazu zu Gaste. Die waren bereitwillig, uns alles zu geben, was wir begehrten, denn ihnen däuchte, wir würden alles bezahlen. Als wir nun wohl geruht, wohl gegessen und getrunken hatten, machten wir Rechnung, bezahlten, nahmen von Wirt und Wirtin Abschied und gingen unseres Weges ein Ende weiter. Wie wir aber einen guten Viertelsweg von der Herberge entfernt waren, sahen wir einen, der uns auf einem Klepper eilends nachritt und uns mit dem Hute winkte, daß wir seine Ankunft erwarteten. Der brachte mir meinen Säckel von braunem Damast, darin ich mein Zehrgeld, ja mein ganzes Vermögen hatte; das hatte ich auf dem Tische liegen lassen. Ich wollte ihm ein Trinkgeld geben, er lehnte es aber ab....

Es war einer mit Postpferden von Venedig zum Konzil nach Trient gekommen. Der Postknecht hatte das Pferd mit sich zurückzuführen. Mit dem kam ich um ein Geringes überein, daß ich mit ihm auf dem nebenbei geführten Pferde ritt bis gen Venedig, und so besprach ich mich mit meinen Gefährten, daß ich ihrer daselbst in der Herberge, die man Leone bianco, auf deutsch „Zum weißen Löwen", nennt, warten sollte.

b) Durch die Lombardei bis nach Ancona.

Eine kleine Tagereise von Trient kommt man aus den Alpen nach Lombardien, so daß man also durch und über die Alpen 35 deutsche Meilen gut und gern zu ziehen hat — über sich den Himmel und zu beiden Seiten die hohen Berge, die bis an den Himmel sich erstrecken. Da kam man tatsächlich in eine andere Welt, die Luft war warm, alle Bäume waren ausgeschlagen, unten und oben grün, die Kirschen waren zeitig (reif); hätte ich für 1000 Gulden Kirschen haben wollen, ich hätte sie zu Trient und Venedig bekommen können, nicht anders als in Pommern um Mitte Juni.

Lombardien ist ein schönes, fruchtbares, ebenes, wohl angebautes Land; jeder Baum ist etwa 30 Schuh (Fuß) von dem andern und die eine Reihe von der andern etwa 60 Schuh entfernt gepflanzt. Neben die Bäume sind die Weinstöcke gepflanzt, die neben den Bäumen aufwachsen, und die Ranken reichen von einem Baum zum andern, also daß die Äpfel und Birnen auf den Bäumen sitzen und die Weintrauben zwischen den Bäumen hängen, und zwischen den Reihen wächst das Korn. Am Ende des Ackers sind aus Springbrunnen gespeiste Bächlein angelegt, die hinter dem Acker hinfließen; wenn sie den Acker bewässern wollen, können sie des Morgens aus den Bächlein durch Löcher — die sie nach Gefallen auf= und zumachen — das Wasser über den Acker laufen lassen, daß er nicht anders daliegt wie eine Wiese. Den Tag über hat er die warme Sonne. Das muß ja wachsen können; sie ernten auch zweimal im Jahre das Korn. Auch gibt es in Lombardien zwischen Trient und Venedig viele schöne Städte und Schlösser.

Nach Venedig kam ich gegen Ende April und bin dort, bis meine Gefährten mir nachkamen, hin und her spaziert. Da nun die Jungen an der Kleidung erkannten, daß ich ein Deutscher war, riefen sie mir nach: „Du bist ein Deutscher, also ein Lutheraner." Da habe ich mir meine Kleider nach welscher Art umarbeiten lassen.

Es kam auch ein alter Meßpfaffe aus dem Niederland geritten mit einem Knecht, der ihm das Pferd versah, um in närrischer Andacht nach dem heiligen Grabe zu ziehen. Meine Gefährten wollten mit ihm in Religionssachen disputieren; da ich ihn zu schwach befand, gab ich mich in der Disputation für einen Katholiken aus. Er bezahlte für mich in der Herberge und bat mich, mit ihm nach Jerusalem zu ziehen, er wollte hin und zurück mich freihalten.... Doch blieb ich bei meinem Vorsatz, nach Rom zu ziehen.

Nachdem wir uns — soviel bei der Kürze der Zeit ge= schehen konnte — zu Venedig und in seiner Umgebung um= gesehen, auch Mureno, wo man das köstlichste Glas brennt, und viele andere ins Wasser gebaute Städte und Klöster beschaut hatten (hätten wir alles sehen wollen, so hätten wir ein ganzes Jahr hier bleiben müssen, was unser Säckel nicht aushalten konnte), fuhren wir nach Chiosa (Chioggia), einer Stadt, die den Venetianern gehörig, 25 welsche Meilen von Venedig liegt, zu Schiffe. Dort, wo das Adriatische Meer eigentlich erst angeht, verdingten wir uns auf ein großes Schiff zur Fahrt nach Ancona, aber, da uns der Wind nicht günstig war, mußten wir zu Chioja etliche Tage still liegen.

... Als uns der Wind anfing günstig zu werden, gingen wir zu Schiff; wir hatten an Essen und Trinken, soviel wir nach Angabe des Schiffsmanns (Kapitäns) brauchten, eingekauft. Der Schiffsmann reffte die Segel auf Ancona zu — das liegt von Venedig 211 welsche Meilen weit —; doch bekamen wir zwischen Chioja und Ancona Ravenna und viele andere schöne Städte mehr am Adriatischen Meere zu Gesicht.

c) Von Ancona bis Rom.

Zu Ancona kamen wir wieder ans Land. Das ist eine gewaltig große Handelsstadt, hat einen trefflichen Hafen, der um die Stadt in Form eines Halbmondes liegt. Darin können viele große Schiffe vor allem Sturm und Unwetter still liegen, als lägen sie mitten in der Stadt.

In dieser Stadt stieß zu unserer Gesellschaft ein Niederländer, Petrus genannt, ein langer, fein gewachsener, junger Mensch, der lange in Welschland gewesen und dem Kriege nachgezogen war, der wollte nach Rom; den Weg von Ancona nach Rom kannte er ganz genau. Er führte uns von Ancona zu Unsrer lieben Frau von Loreto, das 15 welsche Meilen von Ancona entfernt ist. Obwohl es abseits vom Wege lag, gingen wir doch, da man von den Abläßen, die man von dort holen kann, viel Redens macht, dahin. Es liegt in einer wahren Räuberhöhle, in einer rechten Wildnis, hat nur eine Gasse und am Ende derselben ein kleines Kirchlein, davon sie fabulieren, daß dort der Jungfrau Maria Wohnung zu Nazareth gewesen sei, und sagen, daß die Engel sie über das Meer geführt und an diesen Ort gesetzt haben sollen. In dem Kirchlein steht in Manneshöhe ein Marienbild, das soll S. Lukas als der Jungfrau Maria Konterfei (Abbild) gemalt haben. Wenn dann die Pilger, die dorthin kommen, durch den anwesenden Meßpfaffen, dem sie dafür ein Geschenk machen müssen, von einem Balken aus ihr „Paternoster" (Rosenkranz) das Marienbild berühren lassen, so bekommt das Paternoster von dem Anrühren so „grausam" viel Indulgentien (Ablaß), daß man sie nicht um ein Fürstentum hergeben sollte.

Sie haben zu Loreto für die Pilger viele „Tarandsfedern" (Stacheln von Stachelschweinen) — wie ich denn in diesen Gegenden viele lebendige Tarande gesehen habe; sie sind so groß wie ein Schweinigel, die „Federn" (wie man's nennt) wachsen ihnen auf dem Rücken, wie den Schweinen die Borsten. Drei solcher Federn mit Seide zusammengebunden, an einer jeden ein Fähnlein und vorn ein großes aus Blei gegossenes Marienbild, kaufte ich, ließ mir's vorn an den Strohhut machen und ging damit bis nach Rom hinein.... Von Loreto bis nach Rom sind es 119 welsche Meilen, und an dem Wege liegen viele große Städte, deren Namen ich mir nicht gemerkt habe. Denn Peter war mit dem Wege und allen den Städten, wie weit sie auch voneinander liegen und heißen mochten, bekannt, besonders auch in den Klöstern zu Hause.... Wenn wir in eine Stadt kamen, lief er stracks mit uns nach dem Kloster; die jungen Mönche wußten ihn bei seinem Namen zu nennen, empfingen ihn freundlich, holten stracks zu essen und ein Gläschen Wein; dann sangen sie mit ihm, der ein guter Musikus war, ein Stücklein und tranken einen Trunk, und flugs zogen wir an einen andern Ort....

Als wir am 20. Mai[1]) nach Rom kamen, brachte uns Peter in eine Herberge; dort blieb ich, bis ich mich zu Dr. Hoyer begab, meine Gefährten aber ihres Weges weiter nach Neapel zogen; bei Petrus erkundigte ich mich, wo er zu finden sei, und bat ihn, mich öfters zu besuchen; ein Gleiches versprach ich ihm; sobald ich in Rom fertig sein würde, wollten wir miteinander wieder nach Deutschland reisen.

Fünfzehntes Kapitel.

Aufenthalt und Erlebnisse in Rom[2]).

a) Wie Saftrow seines Bruders Erbschaft erhob.

Im Jahre 1546 den 21. Mai ging ich zu Dr. Kasper Hoyer ins Haus, um mich ihm bekannt zu machen; der

---

[1]) Bei Saftrow steht: 22. Mai, doch muß in der Angabe ein Irrtum sein, da S. am 21. Mai, wie er selbst berichtet, von Hoyer empfangen wurde.

[2]) Teil I, Buch 10, Kap. 1, 3, 7, 9, 11, 13, 14, 17.

erkannte gleich aus dem Gesicht, daß Magister Johannes mein Bruder war. Er wollte mir nicht gestatten, den Strohhut mit dem darauf gehefteten zinnernen Marienbild mit den drei Tarandsfedern zu tragen, nahm ihn an sich und gab mir statt dessen ein schwarzes italienisches Barett zu tragen....

Der Herr Doktor zeigte sich nicht allein bereit, mir zu raten und zu helfen, damit ich alles, was mein Bruder hinterlassen hatte, erhielt, sondern ging auch sogleich mit mir zum Kardinal und meldete ihm, daß ich seines gewesenen Dieners Bruder sei, auch, wie betrübt, elend und arm ich wäre.

Der Kardinal sprach sich nicht weniger gnädig aus, teilte mit, daß er auf Dr. Hoyers jüngst gestelltes Ersuchen an seine Befehlshaber (Verwalter) nach Acquapendente geschrieben habe und alle Stunden der Antwort auf seine Frage nach meines Bruders Hinterlassenschaft gewärtig sei. Aber das währte bis an den 1. Juli.

Am 1. Juli ließ der Kardinal den Herrn Doktor rufen; der hielt es für nötig, daß ich mit ihm ginge. Ich ging also mit ihm zum Hofe des Kardinals, und beim Hingehen erzählte der Doktor, daß er und der Kardinal meinem Bruder eine Domherrnstelle zu Lübeck angeboten hätten, mein Bruder aber sich geweigert hätte, sie anzunehmen, was ihn dann nicht wenig verdächtig gemacht habe, ein Lutheraner zu sein.

Der Kardinal forderte uns stracks vor sich und stellte mir folgende Kleinodien zu: 25 Kronen in Gold, 3 doppelte Dukaten, 2 Goldgulden, 2 Rosenobel[1]), 1 Ungarischen Gulden, 3 Engelotten (Engeltaler), 1 goldene Kette, 20½ Kronen schwer, 3 goldene Ringe, von denen der eine ein Siegelring, der andere ein Gedenkring und der dritte ein mit einem Türkis geschmückter Ring war (sie waren 7½ Kronen schwer), einen halben Taler und 3 Giulio (1 Giulio = 3½ Groschen Wert). Weiter teilte er mit, daß die Kleider, die er sich hätte machen lassen, 30 Kronen gekostet hätten;

---

[1]) Eine englische 1343 zuerst geprägte Goldmünze mit dem Gepräge einer Rose auf beiden Seiten, im Werte von ungefähr 20 Mark unseres Geldes.

den Armen hätte er in seiner Krankheit 20 Kronen gegeben, das Denkmal, das ihm gesetzt worden, habe 30 Kronen gekostet; seine sämtlichen Kleider hätte, wie es in Rom üblich sei, sein Hofgesinde unter sich geteilt. Zwischendurch sagte er: „Einigemal las er Bücher, die mir sehr verdächtig waren, und ob ich ihn gleich mahnte, sie nicht zu lesen, habe ich ihn doch öfters dabei erwischt."

Übrigens fragte er mich fleißig über Pommerland aus, ob es da auch um diese Zeit so heiß wäre, wie in Rom (er saß nämlich im Hemde da, hatte keine Glasfenster im Gemach, sondern Leinwand gespannt und ließ das Gemach mit kaltem Brunnenwasser begießen; die Gemächer sind auch so angelegt, daß das Wasser abfließen kann). Als ich ihm darauf berichtete, wie es dort sei, rief er aus: „Ach, hätten wir doch auch in Rom eine derartig gemäßigte Temperatur." Nachdem der Herr Doktor in seinem und meinem Namen dem Kardinal untertänigst gedankt hatte, nahmen wir unsern Abschied. . . .

Das Geld und die Kleinodien hinterlegte ich bei Dr. Hoyer und bat ihn, sie in gute Verwahrung zu nehmen, bis zu meiner Rückreise nach Deutschland.

Doktor Kaspar Hoyer war ein ehrliches, aufrichtiges, dienstfertiges Männlein und war nicht wenig darauf bedacht, um Zehrgeld zu sparen, mich bei einem Herrn unterzubringen. Ich bekam Stellung beim Verwalter des Hospitals St. Brigitten; der war ein alter schwedischer Pfaffe, hatte einen ganzen Tisch voll Advokaten, Prokuratoren und Sollizitatoren bei der Rota[1]). Mein Amt war Kochen, Aufwaschen, Bettmachen, Tischdecken, Auf- und Abtragen, Wein heraufholen, Einschenken usw. Dafür versprach er mir für den Monat eine halbe Krone. Er und seine Tischgänger waren mit meiner Kocherei wohl zufrieden, wiewohl ich nicht viel mehr als Suppen zu kochen hatte. Die übrigen Gerichte kaufte der Herr in der Garküche; denn zu Rom, wo viele ehelose große Herren und Diener, Kardinäle, Bischöfe, Mönche, Prälaten, Domherren, Meßpfaffen, Pfaffenknechte, Advokaten und Prokuratoren weilen, die alle öffentlich keine Weiber haben dürfen, und viele fremde

---

[1]) Päpstlicher Berufungsgerichtshof. Der Name kommt von dem radförmigen Fußboden des Sitzungszimmers her.

Parteien und Sollizitatoren wohnen, die keine dauernde Haushaltung noch Küche haben oder halten können, gibt es gar trefflich bestellte Garküchen, so daß man auch einen Grafen zu Gast laden könnte auf Fisch, Wildbret, Fleisch, Gebratenes und Gesottenes, Pasteten und mancherlei köstliche Weine.

Mein Herr brachte als eine erfreuliche Neuigkeit seinen Gästen die Nachricht zu Tisch, daß man aus Deutschland gewisse Zeitung hätte, daß der Erzketzer Martin Luther tot sei [1]) und einen greulichen Abschied, wie er ihm gebührte, genommen habe, denn viele Teufel wären um ihn hergeflogen und hätten solchen Spuk mit ihm getrieben, daß niemand bei und um ihn hätte bleiben können; er hätte gebrüllt wie ein Ochse und sei schließlich mit gräßlichem Geschrei verschieden und hörte nicht auf, in dem Hause zu spuken. Da war keiner, der sich nicht hören ließ, was für ein schädlicher, vom Teufel getriebener Mensch Luther gewesen wäre, weshalb er auch in alle Ewigkeit mit allen Teufeln im höllischen Feuer gemartert würde; nur einer unter ihnen — er war ein Prokurator an der Rota — sagte nichts dazu, sondern, nachdem die Italiener, die ihr langes Lied, das kein Ende haben kann, auf die Melodie Falalilalela zu singen pflegten, den armen Luther, so lange sie beieinander waren, wohl „gemartert" hatten, sagte er nur: „O Jesus, Sohn Gottes, erbarme dich meiner." ...

In dem Hospitalkirchlein steht ein Altar; an demselben pflegte mein Herr oft Messe zu halten. Ich sollte ihm bei der Messe dienen; da er aber sah, daß ich das Handwerk nicht gelernt hatte, auch keine Lust hatte, es zu lernen, sagte er: „Fürwahr, du bist ein Lutheraner." Ich antwortete: „Ich bin ein Christ, habe in meiner Heimat der Schule und in ihr meines Studiums, zu Speier und bei dem Herrn Rezeptor des Johanniterordens meiner Schreiberei und sonstiger Dienste warten müssen, daß ich mich also um die Messe wenig bekümmern konnte." Der Argwohn aber meines Herrn, daß ich ein Lutheraner sein müßte, führte mich mit der Zeit zu dem Gedanken, daß auf die Dauer mein Bleiben in Rom gefährlich sein würde.

---

[1]) Er war am 18. Februar 1546 in Eisleben gestorben.

b) Die sieben Hauptkirchen von Rom.

Mein Herr besuchte alle Kirchweihen in und außerhalb der Stadt, deren bisweilen auf einen Tag wohl drei waren, und die Kirchen, die weit voneinander gelegen waren. ... Indem ich also mit meinem Herrn in und außerhalb Roms zu allen Stationen ging, sah und erfuhr ich in so kurzer Zeit viel, denn mein Herr war allenthalben bekannt, zeigte und berichtete mir gern, was hauptsächlich zu wissen war, ja er ging um meinetwillen bisweilen dahin, wohin zu gehen er mit Rücksicht auf den Weg, den er sich vorgenommen hatte, nicht nötig hatte.

Es sind mit den 7 Hauptkirchen fast 150 Kirchen, kleine und große, Abteien, Klöster und Hospitäler in Rom. Ich bin nicht in allen gewesen, und in denen, die ich besuchte, habe ich meist nichts Denkwürdiges gesehen, wohl aber bemerken müssen, daß, wenn man mit dem Besuch der Kirchen soviel Ablaß erlangen könnte, als man zu Rom fabuliert, dessen soviel wäre, daß einer den zwölften Teil zu seiner Seligkeit nicht brauchte. ... Darum will ich nur die sieben Hauptkirchen durchlaufen, gleichwohl aber mit dem meisten Narrenwerk, dessen man sich darin rühmt, das gute Papier nicht besudeln. ...

Die erste Hauptkirche ist die von St. Johannes im Lateran. In dieser Kirche ... ist an einer Kapelle eine steinerne Stiege, die zu Jerusalem vor des Pilatus Haus gestanden haben soll. Darauf soll der Herr Christus, als er gar unbarmherzig nach Pilatus' Hause geschleift wurde, so schwer niedergefallen sein, daß ein Tröpfchen seines heiligen Blutes auf der einen Stufe liegen blieb. Diese ist als mittelste Stufe in dieser Stiege angebracht, und der Blutstropfen ist mit einem feinen eisernen Gitterchen bedeckt, daß man nicht darauf treten, jedoch das Blut sehen kann. Wer die Stufen hinaufgeht, verdient sich Ablaß für den dritten Teil aller seiner Sünden. Ich bin sie hinaufgegangen, aber ich halt's mit dem: „O Jesus, Gottes Sohn, erbarme dich meiner." Wer das im Todeskampf in seinem Herzen behält, der hat nicht nötig, nach Rom zu reisen und diese Stiege hinaufzusteigen. ...

Die zweite Hauptkirche ist die von St. Peter auf dem

Vatikan.... In dieser Kirche ist die eine Hälfte der Körper von Petrus und Paulus, desgleichen zwölf Marmorsäulen, die zu Jerusalem im Tempel Salomonis standen und von da im Triumph nach Rom geführt wurden.... In dieser Kirche sollen vor Zeiten 109 Altäre gewesen sein, die größtenteils, als ich in Rom war, schon abgebrochen waren....

Die dritte Hauptkirche ist die von St. Paul. Der Besucher dieser Kirche verdient nicht allein zwei Drittel Ablaß für alle seine Sünden, sondern auch sonst noch 1200 Jahre Ablaß.... Unter dem Hochaltar dieser Kirche liegt die andere Hälfte der Körper des Petrus und Paulus, desgleichen der Körper des heiligen Timotheus, des Jüngers Pauli, desgleichen die Leiber der fünf unschuldigen Kinder.

In der Kirche der Maria major ist der Körper des Apostels Matthäus, der des heiligen Hieronymus und das wollene Tuch, darin das Jesuskind in der Krippe lag.

Die vierte Hauptkirche ist die des heiligen Laurentius, außerhalb der Mauern. In dieser Kirche ist der Stein, darauf St. Laurentius gelegt wurde, als er gebraten wurde und starb.

Die sechste Hauptkirche ist die der heiligen Fabianus und Sebastian. In dieser Kirche ist soviel Ablaß zu verdienen, als in beiden Kirchen St. Peter und St. Paul, denn in dieser Kirche sind die beiden Körper von Petrus und Paulus in dem Brunnen, der noch in dieser Kirche ist, hundert Jahre verborgen gehalten worden....

Die siebente Hauptkirche ist die zum heiligen Kreuz. Diese hat Konstantin, der Sohn Kaiser Konstantins des Großen, gebaut zu Ehren des heiligen Kreuzes. In dieser Kirche ist der Schwamm, den die Juden, mit Galle und Essig getränkt, dem Herrn am Kreuze zureichten; desgleichen zwei Dornen aus des Herrn Dornenkrone, etwas vom Holze des Kreuzes, daran der Herr gehangen hat, auch etwas von dem Holze des Kreuzes, daran der Schächer zur rechten Hand gestorben ist, weiter ein Nagel, damit der Herr ans Kreuz geheftet war, sowie die dem Kreuze angeheftete Inschrift.

(In Anschluß an die sieben Hauptkirchen nennt Sastrow noch eine größere Zahl von Kirchen und Kapellen und schließt dann den Abschnitt mit folgenden Sätzen):

Ich will die andern Kirchen, Kapellen, Klöster, Hospitäler, deren Zahl unendlich groß ist, unerwähnt lassen, denn ich bin nicht in allen gewesen, habe sie auch nicht besehen wollen. Von einigen von denen, die ich besuchte, habe ich meinen Kindern etwas berichten wollen, damit sie ein Stück des papistischen Fabelwerks, Aberglaubens und greulichster Schmälerung des höchsten Verdienstes des Sohnes Gottes daraus erkennen möchten. Vor einer jeden Kirche hängt eine Tafel, darauf geschrieben steht, welche Stationen darin zu besuchen und wieviel Ablaß damit zu verdienen sei. Auch hält man die Stationen und Indulgenzen gedruckt zu Rom feil, und daraus ergibt sich, daß im Jahr über hundert Stationen zu besuchen sind und man wohl zwölfmal den ewigen Erlaß aller seiner Sünden und dazu mehr als 100 000 Jahre Verzeihung erlangen kann. Da nun aber einer nicht mehr als den einfachen ewigen Erlaß zum ewigen Leben nötig hat, so kann man noch elf Seligkeiten und 100 000 Jahre Ablaß dazu verkaufen. O lieber Jesus! Du hättest im Himmel bleiben sollen, wir wollten schon ohne dich zu dir in den Himmel kommen durch die Mildigkeit der heiligsten Väter, der Päpste, welche die vielen schönen Ablässe geben und selbst damit in den Abgrund der Hölle zu allen Teufeln gestürzt werden, um in Ewigkeit von ihnen gemartert zu werden. Für mich aber gibt es nur eine Station und dazu die von der heiligen Dreifaltigkeit eingesetzte Indulgenz, die heißt: „O Jesus, Sohn Gottes, erbarme dich meiner!" und die andere: „Durch das: erbarme dich meiner! wird Gottes Zorn besänftigt"; am Glauben daran werde ich in meinem Sterbestündlein festhalten. Wem es an dieser Station und solchem Ablaß fehlt, der wird mit allen römischen Stationen und Indulgenzen von St. Peter vor dem Himmel abgewiesen und von dem Herrn Christus am Tage des Gerichts in den Abgrund der Hölle verstoßen werden.

c) Das Hospital zum Heiligen Geist.

Ich kann nicht unterlassen, das Hospital zum Heiligen Geist zu beschreiben, denn davon ist in Rom soviel Rühmens, selbst von seiten der Vornehmsten und Weisesten, als gäbe es kein heiligeres, rühmlicheres gutes Werk in der Christenheit, denn dieses Hospital.

Zu Rom gibt es viele ehelose Leute beiderlei Geschlechts; neben dem Papste gewöhnlich nicht unter 15 oder 16 Kardinäle, die halten Hof wie die Fürsten in Deutschland, haben deswegen viel Offiziere oder Hofgesinde, etliche hundert Bischöfe mit ihren Dienern und ihrem Hofgesinde, viele tausend Prälaten, Domherren und Pfaffen, die ihre Diener auch haben, nicht von den vielen tausend jungen Mönchen zu reden, die ihr Keuschheitsgelübde halten, wie der Hund die Fasten. Dazu viele tausend Assessoren, Advokaten, Prokuratoren, Sollizitatoren, Notarien usw. in allen Gerichten, die alle miteinander keine Ehefrauen haben noch haben dürfen; darunter viele tausend, die Weiber nur zum Schein als Köchinnen, Wäscherinnen und Bettmacherinnen in ihren Häusern haben, und wieviel tausend junge Dirnen! Die haben die größte Freiheit in Rom. Ich wollte lieber eine Mannsperson erstechen oder sonst am Leibe beschädigen, als solch eine Dirne an den Hals schlagen. Die lassen die großen Herren, der Papst, die Kardinäle, Bischöfe, Prälaten gegen Abend in der Dämmerung in Mannskleidern holen.... Die Dirnen aber geben ihre Ware sehr teuer, damit sie in Samt, Damast, in goldenen und seidenen Gewändern einhergehen können, können sie auch nicht wohlfeil geben, denn sie müssen großen Tribut entrichten, da alle Meßpfaffen — und ihrer gibt's in Rom gar viele — neben dem Opferpfennig kein anderes Einkommen haben als den Tribut von den losen Weibern....

Daher gab es in Rom viele Dirnenkinder, die in die Tiber geworfen, erwürgt, heimlich begraben und in die Kloaken versenkt wurden, und ich könnte fast sagen, daß zu Rom wohl so viele unschuldige Kinder von ihren Vätern und Müttern ertränkt, ermordet und umgebracht worden sind, als Herodes, der Tyrann zu Bethlehem, hat erwürgen und umbringen lassen.... Da nun die Leichen der kleinen, ungetauften Kinder in der Tiber und den Kloaken so häufig gefunden wurden... deuchte es dem Papst Sixtus IV., es sei seines Amts, dem grausamen Mord zu wehren, und so richtete er dieses Hospital zum Heiligen Geist, das fast verfallen war, von Grund aus wieder auf, erweiterte es mit schönen Gebäuden und richtete darin eine ansehnliche Bruderschaft ein, in die er sich samt vielen Kardinälen mit eigener

Hand einschrieb.... Das Hospital ist mit bequemen, ansehnlichen Gemächern und Betten gar zierlich eingerichtet. Da werden Fremde aus allen Nationen, die in Rom in Krankheit fallen, aufgenommen und durch Ärzte und Chirurgen mit großer Sorgfalt gewartet; wenn sie gesund werden, haben sie die Guttaten, die ihnen widerfahren sind, zu bezahlen. Das tun sie gern; können sie es aber nicht, so haben sie es umsonst und bekommen noch, wenn nötig, Kleidung und einen Zehrpfennig in den Säckel dazu. Sie haben Frauens- und Mannspersonen, die die Fremden pflegen, Doktoren der Medizin und Chirurgen und eine köstliche, wohlausgestattete Apotheke, die auch außerhalb des Spitals von vielen besucht und gebraucht wird. Findlinge — vater- und mutterlose Kinder — werden in diesem Hospital aufgefüttert und erhalten. Wenn die Knaben in das Alter kommen, da man sie anhalten kann, ein Handwerk zu lernen, erforschen die verordneten Vorsteher des Hospitals, wozu einer am meisten Lust hat; dahin wird er in die Lehre gegeben; wenn die Mägdlein so alt und groß sind, daß sie tüchtig sind, etwas anzugreifen, dürfen sie nicht ohne Arbeit sein, sondern müssen etwas schaffen mit Knütten (Stricken), Spinnen, Nähen, Wirken und in andern weiblichen Arbeiten, wozu eine jede tüchtig ist. Es sind auch Frauen im Hospital, von denen sie es lernen können. Alle Jahre zu Pfingsten werden die Hochzeiten derjenigen Findlinge und Waisen gehalten, die in ordentlicher Weise gefreit werden. Wenn nämlich einer eine mannbare Jungfrau aus dem Hospitale zur Ehe begehrt, so spricht er selbst oder durch einen andern seine Absicht den Verwesern aus und freiet um sie. Die erkundigen sich nach den Verhältnissen des freienden Mannes, wes Herkommens er sei, was er könne, womit er Weib und Kinder ernähren wolle und welche Person er zur Ehe begehre. Dünkt ihnen, daß es wohl angehen könnte, daß er guten Leumund habe, wahrhaftig und fleißig sei, so wird sie ihm mit einem gebührlichen, den jungen Leuten geziemenden Brautschatz, Kleidern und Hausgeräte verlobt und zu Pfingsten vermählt, und in der Pfingstzeit werden auf einen Tag fünf, sechs, sieben Hochzeiten im Hospital gehalten. Das ist in Wahrheit ein herrliches, augenscheinlich gutes Werk, was an Gebäuden, ihrer Einrichtung und Erhaltung ... viel

Geld erfordert hat. Das hat freilich Papst Sixtus IV. nicht von den Seinen nehmen dürfen, denn er hat durch seine Kurtisanen (Höflinge) bei allen Nationen der ganzen Christenheit, also auch in Deutschland, ungeheuer viel Geld einfordern lassen, um solch ein Hospital einzurichten. Ich erinnere mich noch, wie in meiner Jugend in Pommern dazu gesammelt worden ist.

Rom hat viele schöne und gewaltige Häuser; das kommt daher, daß die Päpste, um sich damit ein ewiges Gedächtnis zu machen, sich befleißigen, eine schöne große Pfalz[1]) zu bauen, drei Stockwerke übereinander hoch. Die muß an allen Enden ganz frei stehen, sollten auch halbe oder ganze Gassen weggebrochen werden, die dem Gebäude die Aussicht nehmen würden; auch muß alles durchaus von zugehauenen Steinen sein, deren es zu Rom viele gibt, denn Rom hat „große Steine, große Schälke und große Herren". Ebenso wollen auch die Kardinäle und Bischöfe nicht an dunklen Orten und in kleinen Hütten wohnen. Die neuen Gebäude erfordern gar große Arbeit. Die Steine zu holen, gebrauchen sie die Büffel, starke Biester. Zum Auf- und Indiehöhewinden haben sie besondere Werkzeuge, mittels deren sie die großen Steine mit wunderbarer Ruhe bewegen können.

d) Die Prozession am Fronleichnamstag und die Messe am Himmelfahrtstag in St. Peter.

Am Fronleichnamstage wird vom Papste eine prächtige Prozession gehalten. Die Gassen, durch die der Papst zieht, werden mit mancherlei schönen Kräutern bestreut, die Häuser auf beiden Seiten mit köstlichen Tapeten behängt, aus den Pfalzen der Kardinäle, die dort liegen, werden Ehrenschüsse geschossen und kunstreich hergerichtete Feuerbälle geworfen. Da sind so viel Menschen beieinander, daß man über ihre Köpfe gehen könnte. Alle Fenster in den Häusern sind mit Menschen besetzt. Voran gehen alle Schüler paarweise in weißen Röcklein, dann folgen in Röcklein alle Meß- und gemeinen Pfaffen, nach denselben alle Prälaten und Domherren, alle in kurzen, weißen Röcklein aus Leinwand, danach die Bischöfe in Gewändern aus weißem Kamelott

---

[1]) D. i. Palast.

(Wollstoff) und hart vor dem Papste die Kardinäle, in weißen Damast gekleidet. Die Kardinäle haben ihre Kardinalshüte, die Bischöfe ihre Bischofsmützen auf; der Stuhl, auf dem der Papst sitzt, ist prächtig mit rotem Karmoisinsamt bezogen, hinten an der Rückenlehne befindet sich sein Wappen, so groß wie die Rücklehne, das ist von lauterem Golde. Vier goldene Knäufe, zwei vorn und zwei hinten, vier Stangen, zwei vorn und zwei hinten, sind mit rotem Samt umwunden und ihre Enden mit Hauben von lauterem Golde beschlagen. Darunter gehen zwölf Männer mit langen, scharlachroten Röcken, deren acht, auf jeder Seite vier vorn und hinten, einherschreiten, unter den Stangen vorn zwei, so daß ein jeder eine Stange, und einer hinten, so daß er auf jeder Achsel eine Stange trägt; der zwölfte aber führt und schwenkt den Pfauenwedel, der überaus kunstreich gemacht ist, dem Papste über dem Kopfe, damit ihm die Sonne keinen Verdruß machen könne. Der Papst sitzt auf dem Stuhle, hat sein päpstliches Gewand an, die dreifache Krone der Weltherrschaft auf dem Kopfe, die nicht allein vom schönsten Golde gemacht, sondern auch mit so vielen großen und kostbaren Steinen geziert ist, daß man sagen darf, sie habe den Wert eines großen Königreichs. In beiden Händen trägt er eine goldene Monstranz, kunst= reich gemacht wie ein runder Ring, inwendig etwa eine Spanne weit, darin das geweihte Brot in der Mitte so zart aufgehängt ist, daß man kaum sehen kann, woran es hängt. Der Überschlag, auf den er die Hände legt, ist von karmoisin= rotem Samt und weich gepolstert. Nach dem Papste schreiten seine Offiziere, alle Räte des Konsistoriums, die Doktoren, Advokaten, Prokuratoren, Notare, und nach diesen vornehme Bürger in großer Zahl auf beiden Seiten, an jeder Seite drei Reihen, in der innersten die besten vom Adel und vom römischen Patriziat mit langen brennenden Kerzen in der Hand, in der zweiten deutsche Soldaten und in der äußersten die Hatschiere, Reiter wie Landsknechte, wohlgeputzt und ausstaffiert. Als der Papst gegen die Engelsburg kam, begann Feuerwerk, das auf dem Dache, kunstreich mit Rädern wie ein Uhrwerk zu stellen, vorbereitet war, daß es nicht anders schien, als stände die Engelsburg ganz im Feuer. Als er nun an St. Peters Münster kam und in den Palast hinaufgetragen wurde, gingen etliche große Stückbüchsen (Geschütze) los. Die auf der Engelsburg antworteten mit etlichen großen Stücken, die sie losbrennen ließen, ebenso schoß man aus etlichen Kardinalspfalzen. Sie schossen aus großem Geschütz, mit Mörsern, so daß man weder hören noch sehen konnte. Als solches Knallen etwas aufgehört hatte, trat der Papst oben an das Fenster. Ein Buch, kostbar in Gold gebunden, wurde ihm vorgehalten, daraus las er. Ich konnte nicht recht hören, was es war, aber alle Menschen, die da waren, ihrer etliche tausend, fielen auf die Knie. Ich **blieb stehen**, die andern um mich sahen mich an, meinten halt, ich wäre wahnsinnig, daß ich nicht auch in die Knie fiel. Als er ausgelesen hatte — denn das Lesen währte nicht lange —, schlug er den Segen über das Volk; das aber rief: „Es lebe der Papst Paulus, er lebe hoch!"

Jährlich am Himmelfahrtstag hält der Papst zu St. Peter am Hochaltar selbst Messe. Da kommt der Vizekönig von Neapel samt dem römischen Bürgermeister, auf beiden Seiten von viel wohl ausstaffierten Reitern begleitet; von ihnen wird ein schönes, schneeweißes Rößlein geführt; Zaum, Sattel und Gerät ist mit silbernen Buckeln beschlagen, hinten auf dem Kreuz ist ein Tier von Silber angebracht, ein Löwe, ein Bär, ein Greif oder ein Einhorn, das hält ein künstlich geformtes, silbernes, auf den Hinterfüßen stehendes Pferd[1]). Mit dem Rößlein gehen sie in die Kirche zum Papst vor den Hochaltar, dort übergibt der Vizekönig dem Papste zum Zeichen, daß der König von Neapel des Papstes Lehnsmann ist, das Rößlein und einige tausend Kronen. Der König von Frankreich aber, der auch meint, auf das Königreich Neapel einen Rechtsanspruch zu haben, protestiert durch einen Gesandten, daß ihm die Übergabe des Rößleins und der Kronen hinsichtlich seines Anspruchs nicht schädlich sein soll....

e) **Päpstliche Werbungen zum Kampf gegen die Ketzer.**

Der Papst ließ durch Trommelschlag bekannt machen, daß er Reiter und Soldaten annehme, um sie dem Kaiser

---

[1]) Das Wappen von Neapel.

zu Hilfe zu schicken zu völliger Ausrottung der Lutherischen. Es wurden denn auch 10 000 Soldaten und 500 wohlausgerüstete leichte Reiter angeworben, Handgeld gegeben und die Geworbenen nach Bologna auf den bestimmten Musterungsplatz beschieden. Über das ganze Heer, Reiter und Knechte, hatte der Papst seinen Nepoten [1]) Oktavius, den Herzog von der Engelsburg, zum Obersten gesetzt.

So fing man auch an, die Urteile der spanischen Inquisition geschwinder als bisher auszuführen, damit die angeworbenen Reiter und Soldaten desto williger und bereiter würden, wider die Lutheraner zu streiten.

Damals wurde ein Spanier verhaftet und überführt, daß er lutherisch sei; den setzten sie auf ein Pferd, behängten ihn und das Pferd von oben bis unten mit Briefen, darauf Teufel gemalt waren, führten ihn so etliche Gassen auf und nieder bis auf einen geräumigen Platz vor der Kirche St. Maria super Minervam. Da war ein Galgen aufgerichtet und hart daran ein Scheiterhaufen. Zunächst hängten sie ihn an den Galgen; wie er tot war, nahmen sie ihn vom Galgen herab und warfen den Körper auf den Holzstoß, zündeten den an und verbrannten den Leichnam zu Asche. Dabei stand ein geschwätziger Mönch, der hielt eine lange Predigt, was für eine gefährliche, schädliche Ketzerei die lutherische Lehre sei, von der sich jeder fernhalten müsse, wenn er nicht Seele, Leib und Gut verlieren wolle.

f) Ein großer Silberdiebstahl in Rom.

Nachdem Herzog Heinrich von Braunschweig mit seinem Sohne Karl Viktor gefangen genommen worden war [2]), war der andere Sohn, Herzog Philipp, nach Welschland (Italien) gereist, um in Rom vom Papste Hilfe zu erlangen. Diesem Herzog Philipp zu Ehren richteten die Kardinäle ein großes Bankett aus. Der Kardinal, in dessen Palast das Bankett gehalten wurde, hatte einen spanischen Herrn zum Hof-

---

[1]) Nepoten nennt man die Verwandten des Papstes.

[2]) Heinrich der Jüngere, neben Herzog Wilhelm von Bayern das Haupt der 1538 gestifteten katholischen Liga, wurde September 1545 von den Schmalkaldener Bundesgenossen in der Schlacht beim Kloster Höckelem umzingelt und mußte sich mit seinem ältesten Sohn Karl Viktor an Philipp von Hessen ergeben.

diener. Dieser Spanier, der wie alle Spanier zum Stehlen neigte, dachte Gelegenheit zu einem ansehnlichen Diebstahl zu haben, nahm ein Fäßchen mit Wein und Brot zu sich und legte sich unter den Tisch, an dem die Herren sitzen sollten und der um und um mit Decken behängt war. Würde man ihn darunter finden, so wollte er sein ernstes Vorhaben für einen lächerlichen Possen ausgeben, zumal da sein Herr an seinen skurrilen (närrischen) Streichen einen besonderen Gefallen hatte; sollte es aber nach seinen Wünschen ausgehen, so hatte er zwei seiner Knechte an den Palast beschieden, die ihm das Gestohlene wegzutragen helfen sollten. Die Herren bankettierten bis um Mitternacht; als sie schließlich aufstanden und ein jeder nach Hause ging, meinten die Offiziere, die aufgewartet hatten und zu müde waren, alle die gebrauchten Kleinodien und das Silbergeschirr an Schüsseln, Tellern, Bechern, Geräten wegzuräumen, daß, wenn sie nur das Gemach verschließen würden, alles miteinander bis zum Morgen gesichert bliebe. Sie gingen also alle davon und schlossen das Gemach hinter sich zu. Darauf kam der Spanier hervor, öffnete das Gemach, forderte seine beiden Knechte zu sich herein, ließ sie etliche Trachten hinwegtragen, und nachher nahm er noch so viel mit sich, als sie tragen konnten, brachte es in die Judengasse, machte es zu Gelde und behielt nur so viel unverkauft, als er unterwegs brauchte, um prächtig aufzutreten, und sie bequem mit sich führen konnten. Darauf ritt er mit seinen Knechten und Helfershelfern eilends auf Neapel zu.

Des Kardinals Offiziere, die die ganze Nacht aufgewartet hatten, schliefen länger als gewöhnlich; wie sie aber endlich hervor- und ins Gemach hineinkamen, sahen sie bald, wie man dort hausgehalten hatte, entsetzten sich und wußten nicht, was sie tun sollten; es schauderte ihnen; sie fürchteten, gefänglich eingezogen zu werden, hielten es aber schließlich doch fürs beste, es dem Herrn Kardinal zu melden. Darauf wurden sie ins Gefängnis gesetzt; auf allen von Rom hinausführenden Straßen wurden eilends jedem Wirte die entwendeten Kleinodien genau beschrieben, wie sie beschaffen und mit was für Wappen sie gezeichnet seien, und ernstlich wurde vom Papste befohlen, jeden, bei dem davon etwas gefunden würde, aufzugreifen und nach

Rom zu führen. Als der Spanier mit seinen Pferden etwas müde und hungrig war, kehrte er bei einem Wirte ein. Der Tisch wurde gedeckt, das Essen angerichtet und in ehernen Schüsseln aufgetragen. Da spricht er in hoffärtigem Zorne zum Wirt, ob er meine, daß er ein Hudler[1]) sei, und zu seinen Knechten sagt er, sie sollten seine silbernen Teller und Schüsseln herbeibringen, damit der Wirt ihm darin die Speisen anrichte.

Der Wirt nahm die Schüsseln, ging damit in die Küche, verglich sie mit den Abzeichen, die ihm durch die Post mitgeteilt worden waren, und fand, daß es eben die richtigen waren. Er verstärkte sich durch einige Männer, nahm die drei Gäste fest und führte sie als Gefangene nach Rom. Als der Spanier gefragt wurde, wohin er das andere Silber, das man nicht bei ihm gefunden hatte, geschafft habe, machte er die beiden Juden namhaft, denen er's verkauft hatte. Denen nahm man das gekaufte Silber und ihm das Geld ab, das er dafür bekommen hatte, und führte die beiden Juden stracks nach dem Gefängnis.

Es gibt zu Rom viele Juden; sie haben eine eigene, verschlossene Gasse, denn in der Karwoche dürfen sie sich nicht sehen lassen, sondern schließen sich ein. Das römische Volk ist alsdann so ergrimmt und erbittert auf sie, daß sie jeden, den sie erwischen, totschlagen würden, weil sie seinerzeit den Herrn Christus gemartert und gekreuzigt haben. Erst vom Osterabend ab sind sie wieder ihres Lebens sicher, daß sie mit jedermann frei handeln und wandeln können.

Die beiden Juden gehörten unter die reichsten und vornehmsten; darum wurden viele tausend Kronen für sie geboten, damit man sie am Leben ließe. Aber es war alles vergebens. Der Galgen wurde an der Brücke, wo man über die Tiber zur Engelsburg geht, aufgerichtet; da wurden sie alle fünf gehenkt, der Spanier in die Mitte, dem setzten sie eine Krone von geschlagenem Messingbleche als einem König der Diebe auf den Kopf, und auf jeder Seite von ihm ein Knecht und ein Jude.

Übrigens wird alle Wochen gehenkt.... Vielen habe ich auch die Chorda (das Seil) geben sehen, selbst Metz-

---

[1]) Ein Lump, der sich in Hudeln (Lumpen) kleidet.

pfaffen, deswegen, weil sie des Morgens mehr als eine
Messe gehalten hatten, denn das ist bei so großer Menge
den andern zum Nachteil, weil sie dann nichts verdienen
können. Aus dem Giebel hängt ein Trietzblock (Flaschenzug)
heraus, durch den die Chorda oder das Seil gezogen ist;
in der Mitte ist ein Knebel, der den Trietzblock zum Stehen
bringt. Die Chorda wird dem Missetäter auf der Gasse
um die auf den Rücken gelegten Hände gebunden. Wenn
er dann aufgetrietzt und wieder mit Gewalt herunter=
gestürzt wird, das Pflaster aber nicht erreichen kann, werden
ihm die Hände über den Kopf gezerrt und die Schultern
aus dem Gelenke gerückt. Das muß er dreimal aushalten,
dann wird er losgemacht, ins Haus geführt, und die Schultern
werden ihm wieder eingerichtet. Damit sind die Liktoren
schnell fertig, denn sie üben ihr Handwerk oft. Manchmal
kommt es freilich vor, daß die „Getrietzten" es ihr lebelang
nicht verwinden. Ich habe einen Meßpfaffen gesehen, der
wußte sich dermaßen darein zu schicken, daß er, um einen
Giulio [1]) zu verdienen, sich drei „Trakte" geben ließ.

(Die Unsicherheit der Lage, die verschärfte Verfolgung der
Lutheraner in Italien, die sich auch auf ihn als einen des Luther=
tums Verdächtigen erstrecken konnte, bestimmten Sastrow, die Rückreise
nach Deutschland anzutreten.)

Ich forderte also von Dr. Kaspar Hoyer das nieder=
gelegte Geld und meldete ihm ausführlich, warum ich mich
auf den Weg begeben wollte; er widerriet mir wegen der
großen Gefahr getreulich mein Vorhaben; da ich mich aber
nicht zum Bleiben bereden lassen wollte, gab er mir neben dem
Geld ein Schreiben für meinen Vater mit.... Darauf schied
ich mit gutem Abschied von meinem Herrn, dem Schweden,
denn er gab mir für die sechs Wochen, so ich ihm gedient
hatte, eine ganze Krone und wünschte mir eine glückliche Reise.

Sechzehntes Kapitel.
Rückreise und Rückkehr nach Stralsund [2]).

Im Jahre 1546, den 6. Juli mittags, zog ich mit meinem
getreuen Gefährten Nikolaus — er war eines Schneiders aus

---
[1]) Kleine Münze.
[2]) Teil I, Buch 11, Kap. 1—4, 9, 12, 15, 17, 18.

Lübeck Sohn, mit dem ich in Rom gut bekannt geworden war — aus Rom hinaus. Mein Gold hatte ich in den Hemdkragen, die Kette aber in die Hosen vernäht und trug nichts bei mir als ein kleines Felleisen, in dem sich ein Hemd und die Gedichte meines seligen Bruders, die er zu Speier und Rom gemacht hatte, befanden, ein Rapier an der Seite, ein Bündel, über das ich des Tags über den Mantel hing, auf der Achsel und ein Paternoster[1]), das ich in der Hosentasche trug, alles wie bei Soldaten, die nach dem Musterungsplatze laufen. Miteinander kamen wir überein, daß ich bei Leib und Leben nichts reden, sondern Taubheit vorgeben sollte. Nikolaus blieb stets bei mir, selbst wenn ich die natürlichen Bedürfnisse zu befriedigen hatte. Wenn die Soldaten, die neben uns herliefen, mit mir reden wollten, ich aber schwieg, sagte Nikolaus, ich wäre taub. Dann hatten sie Mitleid mit mir, beklagten mich, daß es schade wäre um einen so feinen jungen Menschen, aber, meinten sie, in die lutherischen Übeltäter würde ich ebenso gut stechen können wie einer, der gut hören könnte. Nikolaus sagte: „Ja, daran wird's nicht fehlen." So gingen wir einen Tag nach dem andern zwischen den welschen Soldaten hindurch.

Den andern Tag zog mit der Post der Oberst Herr Ottavius, Herzog von der Engelsburg — sechs Personen stark — neben uns einher. Nikolaus und ich aber gingen nach Ronciglione, ein Dorf, das zwei deutsche Meilen von Viterbo entfernt ist.... Dort wollten wir über Nacht bleiben, ließen uns zu essen geben, damit wir schlafen gehen und am andern Tag um so frischer sein könnten. Denn wir wollten bei Tage in die Stadt kommen, um uns beim Durchgang durch dieselbe mit dem Notwendigen versehen zu können.

Wie wir eben bei Tisch saßen und zu essen angefangen hatten, kam ein Haufen Soldaten in das Wirtshaus hineingerauscht. Der Wirt erschrak und bat uns, wir möchten uns nur auf die Seite machen, denn er selbst wäre vor den Soldaten nicht sicher. In der Tat jagten sie den Wirt zum Hause hinaus, nahmen alles weg, was gekocht war, tranken, soviel sie wollten, schlugen die Weinfässer entzwei, ließen

---

[1]) Rosenkranz.

den Wein in den Keller laufen — **denn welsche
Soldaten sind ein wüstes Gesindel,
schlimmer als die deutschen Landsknechte.**
Das durften sie unter den Freunden tun, hart vor der Tür
des Papstes. Sie fragten uns, ob wir nicht mit ihnen
wollten bis nach Diterbo laufen. Nikolaus sagte, es ginge
auf den Abend, Diterbo würde verschlossen sein, ehe wir
hinkämen. Sie sagten: „Nein, wir wollen schon hinein=
kommen."

Nun konnten wir nichts Besseres tun, als uns mit ihnen
auf den Weg machen; es war gegen Mitternacht, als wir
die Stadt erreichten. Sie riefen dem Torwart zu, daß er
aufmachen und sie einlassen sollte; der fragte, wer sie
wären? Da sie antworteten: „Soldaten des Herzogs der
Engelsburg!", ward das Tor ihnen geöffnet.

... Des Papstes Soldaten, die dem Kaiser zugeschickt
worden waren, um ihm bei der völligen Ausrottung der
Lutherischen zu helfen, hielten für gewiß, daß alle Deutschen
der lutherischen Lehre anhingen. Vom Morgen bis zum
Abend gingen sie mit uns und um uns herum, und da ich
mich taub stellte, so redeten sie den ganzen Weg entlang
viel mit meinem Gesellen Nikolaus und konnten doch am
hellen lichten Tag nicht sehen, noch trotz vieler Unterhaltung
merken, daß wir Deutsche waren.

Wie wir in Diterbo eingelassen waren, war es mitten
in finsterer Nacht, und da wir, um der Gefahr willen, in
keinem Hause einkehren wollten, in dem Soldaten waren,
gingen wir von einem Hause zum andern. Aber alle waren
voll Soldaten.... Als wir in höchster Angst und Be=
kümmernis nicht wußten, wie wir's anstellen sollten, und
zu Gott von Herzen seufzten, siehe, da tritt einer an uns
heran, ein wohlgestalteter, wie es schien, vierzigjähriger
Mann, den wir unser lebelang nicht gesehen, der auch uns
nicht ein Wörtlein reden gehört hatte, und spricht uns, die
wir in welscher Kleidung und in allem den Soldaten gleich
waren, mit denen wir in die Stadt kamen, ohne weitere
Vorrede in der finstern Nacht mit folgenden Worten in
deutscher Sprache an: „Ihr seid Deutsche. Denkt ihr nicht
daran, daß ihr in Welschland seid? Wenn euch jetzt der
Podestà (Bürgermeister) anträfe, so würde er euch stracks

die Chorda (siehe oben S. 104) geben, und euch als Deutschen dürfte wohl auch noch etwas Schwereres begegnen. Ihr wollt nach Deutschland . . . kommt, ich will euch zu dem Tor hinausführen, das euch auf den rechten Weg bringt." Wir erschraken, wußten nicht, was wir vor Verwunderung antworten sollten, sondern verstummten ganz, folgten ihm aber bis an das Tor, zu dem er uns führte, stillschweigend nach. Dort redete er mit dem Torwächter, der sagte auf welsch zu uns: „Liebe Gesellen, ihr dauert mich, darum, obwohl mir's verboten ist, die Stadt vor Tage zu öffnen, so will ich euch doch herauslassen. In der Vorstadt werdet ihr nichts finden, denn die Soldaten haben sie ganz ausgebrannt und geplündert; ihr werdet aber in einer Nacht nicht verhungern und verdursten." Damit schließt er auf, läßt uns hinaus und schließt sogleich wieder hinter uns zu. . . . Die Vorstadt fanden wir ganz ausgebrannt und in ihr nichts mehr als Trümmer; als wir aber ins Feld kamen, lag da ein runder Haufen Stroh, daraus die Ochsen und Pferde das Korn getreten hatten. Auf dem legten wir uns zur Ruhe. Als wir erwachten und es Tag war, sahen wir über uns einen hölzernen Galgen, gingen unseres Weges weiter und kamen zu guter Zeit gegen Mittag am 9. Juli nach Monte Fiascone. Das ist ein feines Städtlein, wo der gute Muskateller wächst. . . . Zu Mittag wurden uns auf unser Erfordern junge gebratene Hühner und anderes wohl angerichtet, wir konnten aber vor großer Hitze und daraus entstandener Schwäche nicht essen; des lieblichen und guten Muskatellers tranken wir um so mehr.

Man erzählte von einem Reisenden, der, wenn er in eine Herberge kam, durch seinen Knecht erst den Wein versuchen ließ. War's ein schlechter Wein, so sagte der Knecht zu seinem Herrn „Est", war er mittelmäßig: „Est est", war er aber köstlich gut: „Est est est!" Danach richtete sich der Herr mit Bleiben oder Weiterreiten. Als sie nun nach Monte Fiascone kamen, sagte der Knecht, dem aufgetragen wurde, den Wein zu versuchen: „Est est est!" Da blieben sie dort, und weil der Wein gut war und ihm wohl schmeckte, tat der Herr des Guten zuviel, daß er davon krank wurde und zu Monte Fiascone starb.

Da nun seine nächsten Verwandten kamen und forschten,

an welcher Krankheit er gestorben sei, sagte ihnen der Knecht: „Est est est facit, quod Dominus meus hic iacet", und voll Schmerz und Reue sagte er: „O est est est, Dominus meus mortuus est"¹).

(Die Weiterreise führte über Acquapendente (9. Juli), Siena, Florenz (11. Juli), Scarperia (12. Juli), Firenzuola nach Bologna, wo sie am 13. Juli ankamen, jedoch ohne Aufenthalt durchreisten.)

... Einen guten Viertelsweg von Bologna fängt ein von Menschenhand geschaffener Graben an, auf dem man in einem Nachen bis nach Ferrara in den Po fahren kann. Da schickte uns der liebe Gott wiederum einen getreuen Gefährten zu, der war in Mantua zu Hause und hatte sich in Bologna als Reiter anwerben lassen. Der sagte, wir könnten den Graben entlang bis nach Ferrara im Nachen fahren, er wollte uns einen bestellen und gute Gesellschaft leisten, fragte auch, wohin wir wollten. Denn wenn wir auch wie Soldaten gekleidet gingen, so würden wir doch, wenn wir Soldaten wären, bei den andern auf dem Musterplatz geblieben sein. Wir sagten darauf, unser Herr wäre in Trient. „O weh, nein," sagte er, „ihr wollt weiter!" Wir sagten weder ja noch nein. Er konnte ein wenig Latein, ich auch ein wenig; so konnte ich wenigstens mich mit ihm verständigen. Er gedachte des Papstes und der päpstlichen Religion nicht zum besten, und als ich ihn fragte, ob er in Italien und noch dazu in des Papstes Land und Gebiet sich also äußern dürfte, und wie es komme, daß er kein Bedenken getragen hätte, sich wider die Anhänger der evangelischen Lehre anwerben zu lassen, sagte er, das kümmere ihn nicht, er hätte kein Kardinalat zu verlieren, er wäre ein Kriegsmann und diente dem, der ihm Geld gäbe.

Da wir nun fast bis an den Po gekommen waren, sagte er, Ferrara liege zwar recht am Wege nach Deutschland, wir hätten aber dort nichts Besonderes zu sehen; es wäre zwar eine große Stadt mit einer berühmten Uni-

---

¹) Est est est hat meinen Herrn unter die Erde gebracht. — O am Est est est ist mein Herr gestorben! Man vgl. im Lahrer Kommersbuch deutscher Studenten das Studentenlied: Est est! von Wilh. Müller (Ausg. 1886 Nr. 519 S. 524). Man vermutet, daß der trinkfeste Junker der Abt Johann Fugger war.

versität, aber die ganze Stadt habe ein altfränkisches Aussehen; wir sollen nach Mantua mitziehen, der Vaterstadt des Virgilius, das wäre eine schöne und lustige feste Stadt mit einem schönen Schloß. Es liege zwar etwas außerhalb des Wegs, aber wir führen den Po hinauf bis an die Stadt Mantua; mittlerweile ruhten wir uns etwas aus; er wolle über den Po nach Ferrara fahren, den Schiffer bestellen, der uns nach Mantua ziehen sollte. Ferrara wäre in Italien darum berühmt, daß man um diese Jahreszeit feiste Gänse gut und heiß am Spieß gebraten bekommen könne; er wolle uns eine kaufen, auch Brot und Wein und bald wieder zu uns in den Nachen kommen.... Wir willigten in den Vorschlag. Er blieb nicht lange aus und brachte, was er versprochen hatte. Dem Schiffer, der im Hemde ging, gaben wir fast ein Viertel des starken Weins; den trank er aus mit einem Zuge, dann nahm er das Seil über die Achsel und zog uns hinauf bis nach Mantua, das von Ferrara 50 welsche Meilen entfernt ist; zur Nacht blieben wir im Städtlein Ostia (Ostiglia), 20 Meilen von Mantua.

Den 15. Juli zu guter Zeit des Morgens kamen wir nach Mantua und fanden, daß es eine große, schöne, feste und seiner Umgebung nach eine lustige, wohlgelegene Stadt war. Wir gingen vor dem Essen umher. Unser Gefährte führte uns ans Schloß und dahin, wo die schönsten Häuser standen, ging mit uns in die Herberge, war unser Wirt und fragte, ob wir auch Geld hätten, das allenthalben gangbar wäre. „Die Wirte, sagte er, sind ehrlose Buben; das kleine Geld, das ihr in die Herberge bringt, wollen sie nicht haben; läßt man bei ihnen eine Krone wechseln, so will man das dafür erhaltene Geld in der nächsten Herberge nicht für voll nehmen. Gebt mir eine Krone, so will ich euch dafür kleines Geld verschaffen, das überall bis Trient gangbar ist." Wir gaben ihm eine Krone, er brachte uns dafür gutes Silbergeld und desselben Geldes noch eine Krone mehr, die wollte er uns verehren, da er uns für gute Gesellen ansehe. Dann ging er mit uns aus der Stadt, unterrichtete uns über den Weg, daß wir nicht irren konnten, wenn wir ihm folgten, wünschte uns die heiligen Engel zu Führern, schlug den Segen über uns und sagte: sein Segen würde uns vor unserm Herrgott zuträglicher und gegen den

Teufel und seine „Gliedmaßen" nützlicher sein, als wenn der allerheiligste Vater Papst Paul zu Rom den Segen mit seinen heiligen Händen über uns geschlagen hätte. Damit zogen wir unseres Weges.

(Die Reisenden gelangten am 16. Juli nach Trient [„hier hörte meine Taubheit auf und ging des Nikolaus Stummheit an, denn seine lübische Sprache kam nicht eher wieder zur Geltung, als bis wir nach Braunschweig kamen"], am 18. nach Bozen, am 19. nach Brixen.)

Der Rat zu Augsburg hatte durch seinen Obersten Sebastian Schärtlin die Ehrenberger Klause einnehmen lassen und stark besetzt¹); König Ferdinand aber wollte sie wieder erobern und führte dazu die Bergknappen aus dem Bergwerk Bozen — ein wüstes Gesindel — heran. Als aber infolge Geldmangels keine Bezahlung erfolgte, liefen sie rottenweise in großer Erbitterung nach ihrem Bergwerk zurück; am 20. Juli begegneten sie uns zwischen Brixen und Storzingen. Als sie uns in unserer welschen Kleidung und mit soldatischen Waffen sahen, senkten sie die Spieße gegen uns und schrien einander zu: „Stecht in die welschen papistischen Schelme." Mein Gefährte Nikolaus war noch gewöhnt, das Wort zu führen, und redete sie in seinem lübischen Deutsch an, da riefen sie: „Es sind quackelnde Niederländer und nicht besser als die niederländischen Bösewichter." Darauf ich: „Nein, Bruder, wir sind keine Niederländer, sondern rechte Deutsche, aber lutherischer oder evangelischer Religion, wie ihr auch, darum gemach und tut uns keine Gewalt an!" Wir kamen mit ihnen ins Gespräch; sie klagten über König Ferdinand, der Krieg führen wollte und kein Geld hätte, meinten, daß Schläge ihre Besoldung sein sollten, und wünschten, in ihre Bergwerke zurückzukehren, da könnten sie noch etwas verdienen. Wir schieden freundlich voneinander.

(Am 21. Juli kamen die Reisenden nach Innsbruck, ließen dort ihre Kleider auf deutsche Art umändern und zogen dann über Hall, Schwaz, Rattenberg, Kufstein, Sietzbach, Aibling, Kloster Ebersberg, Ardingen, Sitzbach, Pfeffenhausen, Langhart nach Regensburg, das sie am 26. Juli erreichten. Hier rasteten sie vier Tage.)

---

¹) Um die aus Italien heranziehenden Hilfstruppen Karls V. abzufangen.

Hier merkten wir, daß Kaiser und König mit Reiterei und Knechten in und außerhalb Regensburg wohl versehen waren; in und außerhalb der Stadt wurde Tag und Nacht stark und fleißig Wacht gehalten. Das böhmische Heer lag feldwärts vor der Brücke, die über die Donau geht; das deutsche Kriegsheer aber hielt Wache vor derselben Brücke nach der Stadt zu, also daß beide Lager die Brücke zwischen sich hatten. Wir wurden aber verwarnt, es sei sehr gefährlich, durch die Böhmen hindurchzukommen, denn es wären überaus verwegene böse Buben, schlügen sich fast alle Tage vor und auf der Brücke mit den deutschen Landsknechten herum, verwundeten sie oder schlügen sie auch wohl tot; zudem wäre auch der Haufe der Protestierenden[1]) unterwegs, wo wir schwerlich durchkommen würden.

Da wir aber zu Regensburg nicht bleiben wollten, sondern fort mußten, so entschlossen wir uns unverzagt, uns wieder auf den Weg zu machen ... und verließen uns auf den, der uns in Italien seinen heiligen Engeln befohlen hatte.... Wir gingen mitten durch das böhmische Heer und sind nicht zur Rede gestellt, ja mit keinem harten Worte angeredet worden ... und gingen den geradesten Weg auf Nürnberg zu.... Jeden Mittag setzten wir uns an einen Busch und hielten Scharmützel mit den Läusen, die uns viel zu schaffen machten, schlugen grausam viel großer, wohlgefütterter Biester tot, und gleichwohl hörte das Beißen nicht auf; den andern Mittag, wenn wir unsere Kurzweil abermals mit ihnen trieben, hatte ich ebenso viele und ebenso große wie zuvor, Nikolaus aber nicht. Die Ursache sollten wir bald erfahren.

Man denke, daß wir von Rom aus große Hitze ertrugen; es war in den Hundstagen, den ganzen Tag gingen wir in der heißen Sonne; des Morgens, wenn wir aus der Herberge gingen und die Sonne aufgehen sahen, sagte einer zum andern: „Siehe, da kommt unser Feind hervor." Unsere Rücken, auf denen wir stets die Sonne hatten, waren über und über geschwollen, wir wurden matt von der Hitze, dazu sogen uns auch die Läuse aus, daß wir keine Kraft behielten, schwitzten des Tags wohl dreimal das Hemde

---

[1]) So nannte man damals die Schmalkaldener Bundesgenossen.

durch und mußten's auf dem Leibe wieder trocknen; ja die Hemden verrotteten uns auf dem Leibe. Nun trug ich ein sauberes Hemd in der Satteltasche bei mir. Als wir nun vor Nürnberg in den Wald kamen, wollte ich das andere Hemd anziehen und zog das schwarze, das ich von Rom an angehabt hatte, aus; das war mir auf dem Leibe verrottet, daß ich's mit den Fingern auseinanderziehen konnte. Ich mußte es also wegwerfen, wollte aber vorerst das Gold, das ich in den Hemdkragen genäht hatte, heraustrennen. Dabei fand ich die Ursache davon, warum ich nur allein und nicht auch Nikolaus den andern Tag ebenso große Läuse wie am vorigen im Hemd gefunden hatte, denn sie lagen in so großer Zahl unter dem Golde, wie die Steinmotten unter den Steinen zu liegen pflegen, die am andern Tag hervorkriechen, wenn man die vorigen den Tag zuvor vertilgt hat; so hatte ich alle Tage frische, ausgehungerte Läuse gehabt, die desto besser beißen konnten.

(Am 30. Juli betraten die Reisenden Nürnberg, blieben drei Tage dort und zogen dann über Forchheim, Bamberg, Koburg, Eisfeld, Arnstadt, Erfurt nach Nordhausen, wo sie am 11. August in später Abendstunde anlangten.)

... Vor dem Tore sahen wir zehn Leichen von Leuten auf Pfählen sitzen, die wegen Mordbrennerei jüngst gehenkt worden waren. Vor dem Tore war starke Wache aufgestellt, die wollte uns anfangs ungern einlassen und wies auf die aufgehenkten Körper. Wir sagten, wenn sie es nicht verdient hätten, wären sie nicht getötet worden; mit uns hätte es eine andere Bewandtnis. Wie wir nun in die Stadt kamen, konnten wir nirgends Herberge finden. Schließlich fragten wir nach dem amtierenden Bürgermeister, gingen zu ihm ins Haus, sagten, wo wir herkämen und wohin wir wollten, wo wir zu Haus wären, und antworteten auf seine Frage, was wir von dem beginnenden Kriege wüßten. „Nun kommen wir spät in die Stadt, da will niemand uns beherbergen, wir können der eingebrochenen Nacht wegen nicht weitergehen, und auf der Gasse zu liegen, kommt uns ungelegen; uns ist auf dieser beschwerlichen Reise auch in Italien solche Härte und Unmenschlichkeit nicht widerfahren. Wir begehren nichts umsonst, wollen alles ehrlich bezahlen und bitten, uns von Amts wegen in eine ehrliche Herberge führen zu lassen." Der Bürgermeister, als ein ehrlicher, verständiger Mann, war freundlich zu uns, entschuldigte seine Mitbürger wegen ihrer jetzigen Ungastlichkeit . . . und befahl einem Diener, uns zu einem Wirt zu bringen und dem zu sagen, daß er uns für unser Geld freundlich aufnehmen sollte. Der Diener brachte uns in eines Metzgers Haus und sagte ihm, was ihm befohlen war. Der war mit schönem feisten Fleische wohl versehen, hatte auch einen Rinderbraten am Feuer. Wir sagten, von dem Braten sollte er uns geben, und fragten, was er zu trinken hätte. Da sagte er: "Gutes Nordhäuser Bier." — "Wir sind gewöhnt, Wein zu trinken," sagten wir und fragten, ob nicht guter Wein zu bekommen wäre, zum Gebratenen gehöre Wein. Er antwortete: Ja; wenn wir ihn bezahlen wollten, soviel koste ein Viertel. Wir gaben ihm sofort das Geld dafür. Darauf fragte er, ob wir auch ein Gericht Fisch haben wollten. Wir sagten ja, wir hätten einen bösen Tag gehabt und müßten dafür einen guten Abend haben; er sollte sich zu uns setzen und uns gute Gesellschaft leisten. Er sah uns an und wußte nicht, was er aus uns machen sollte. . . . Als wir Hunger und Durst gestillt hatten, fragte der Wirt, ob wir zu Bett gehen oder in der Stube bleiben wollten. Wir begehrten nur eine reine Schütte Stroh in die Stube, wir hätten dann am Morgen den Vorteil, daß wir uns nicht anzuziehen brauchten. Wir bekamen nicht allein Stroh, sondern gar gute Betten mit Schulterkissen und saubere Tücher darauf. . . . Des Morgens, wie wir aufstanden und zur Stube hinausgehen wollten, war ein Schloß vor die Stube gelegt, und wir mußten so lange warten, bis der Wirt hervorkam. Dann rechneten wir, zahlten, gaben der Magd, die uns das Bett gemacht hatte, ein Trinkgeld und zogen unsere Straße weiter.

(Im Weitermarsch zogen die Reisenden über Stolberg, Gernrode, Quedlinburg, Halberstadt, Braunschweig, Gifhorn, Lüneburg, Mölln, Lübeck, Dassow, Grevesmühlen, Wismar, Bukow, Kröpelin, Dobberan, Rostock, Ribnitz, Damgarten nach Stralsund, wo sie am 29. August eintrafen, nachdem sie von Rom bis Stralsund 255 deutsche Meilen zu Fuß zurückgelegt hatten.)

Ich fand meine Eltern, meinen Bruder Karsten und meine fünf Schwestern alle gesund und war ihnen allen

willkommen.... Ich war so steif, wie ein abgerittenes
Pferd. Meine Mutter ließ mir in der Woche zweimal ein
Bad machen, badete mir die Beine und schmierte mir die
Schienbeine mit weißer venetianischer Seife ein, wodurch
mir die Glieder an den Beinen wieder ins rechte Geschick
kamen.

Siebzehntes Kapitel.

Im Dienste des Herzogs Philipp von Pommern[1]).

(Von der römischen Reise zurückgekehrt, bemühte sich Sastrow
um eine Stellung im Dienste des Herzogs Philipp von Pommern
und erhielt sie durch Vermittlung des Generalsuperintendenten Dr.
Johann Knipstrow in der Kanzlei zu Wolgast.)

a) Eintritt in die Wolgaster Kanzlei. Der Kanzler Jakob Zitzewitz.

Ich wurde also den 5. November (1546) von meinem
gnädigen Herrn, Herrn Herzog Philipp, in Sr. Fürstl.
Gnaden Kanzlei angenommen. Da waren Jakob Zitzewitz
Kanzler, Erasmus Hausen Landrentmeister, Joachim Rust
Protonotar, Johann Gottschalk, Lorenz Dinnies, Christoph
Labbun und Heinrich Altenberke Sekretäre.... Joachim
Rust und Johann Gottschalk sahen wohl, daß ich ebenso
geschickt im Schreiben war wie sie, denn ich war ja etliche
Jahre im Kaiserlichen Kammergericht und in fürstlichen
Kanzleien in voller Übung des Schreibens gewesen, wie
auch der Kanzler kein Hehl daraus machte, daß ihm, was
ich konzipierte, besser gefiel als das ihrige. Sie feindeten
mich deshalb an, und wo sie mir konnten zuwider sein, da
ließen sie sich's nicht entgehen....

Ich war aber nicht viel zu Haus, und wenn ich zu Haus
war, nicht viel in der Kanzlei. Denn da nach der Auflösung
des Schmalkaldischen Bundes im Vertrag von der Kaiser=
lichen Majestät dem Kurfürsten von Sachsen und dem Land=
grafen von Hessen solche schwere Bedingungen auferlegt
worden waren, daß man sicher sein konnte, sie würden im
nächsten Frühjahr das kaiserliche Heer in ihren Landen haben,
war ein großes Rennen, Reiten, Fahren und Ratschlagen,

[1]) Teil II, Buch 1, Kap. 1—7.

Senden der Räte nach Stettin zwischen meinen gnädigen Herren, Herzog Barnim und Herzog Philipp, und dem Kurfürsten von Brandenburg einerseits und zwischen Herzog Philipp und dem Kurfürsten zu Sachsen anderseits, der den ganzen Winter über gar kleinlaut in Altenburg sich aufhielt. Zu dem allen wie zu allen Sendungen wurde Jakob Zitzewitz, der Kanzler, gebraucht; denn er war auf vielen Reichs- und Kreistagen gewesen, ein gelehrter, beredter, ansehnlicher, schöner, auch hochgemuter und arbeitsamer Mann, der einem Fürsten sowohl mit Rat als auch in fürstlichem Gepränge wohl dienen konnte.... Er mußte aber, was im Namen beider Herren auszufertigen war, ausarbeiten, und was er ausarbeitete, war mit solchem Fleiße gearbeitet, daß niemand sich unterstand, etwas daran zu korrigieren; wenn aber etwas beraten wurde und er fragte, wer sich dahinter setzen und es aufs Papier bringen sollte, so sagten die Räte, das möchte nur „Salomon" tun, denn so nannten sie ihn. Mit dem mußte ich überallhin reiten und fahren, bisweilen Tag und Nacht. Wir sind wohl gegen Abend aus Berlin gefahren und den andern Tag nachmittags so zeitig nach Stettin gekommen, daß er noch denselben Tag berichten konnte. Manche Nacht habe ich bei ihm gesessen, während er mir, was am Tage im fürstlichen Rate auszufertigen beschlossen worden war, diktierte; ehe die Herren den andern Tag zur Beratung gingen, war es schon ins Reine geschrieben, so daß es gleich, nachdem es im Rate gelesen worden war, versiegelt und hinweggeschickt werden konnte.... Ich bin also dieses halbe Jahr nicht viel zu Wolgast — ich glaube nicht vier Wochen — und in der Kanzlei noch weniger gewesen. Übrigens hatte ich bei Meister Ernst selig, Herzog Philipps wie auch dessen Herrn Vaters und Ahnherrn Mundkoch, einem frommen, gottesfürchtigen Mann, Quartier.

b) Reise nach Böhmen als Sekretär der pommerschen Räte. Im Lager vor Wittenberg.

Das Frühjahr 1547 kam heran. An den Höfen von Stettin und Wolgast fühlte man sich wegen der Auflösung des Schmalkaldischen Bundes nicht recht wohl; zu dem kam hin und wieder Kundschaft, daß der Herzog von Württemberg sich ergeben und mit dem Kaiser gegen hohe Geldstrafe und Auslieferung der Geschütze sich versöhnt habe. Man erachtete es darum für ratsam und notwendig, beizeiten dem Kaiser untertänigst zu melden, daß sie (die Pommernherzöge) nicht zum Bunde gehörten. Dazu wurden aus beider Herren Höfen vier Räte . . . bestimmt, denen ich beigegeben wurde. Am 10. März zogen wir von Stettin aus auf Frankfurt a. Oder zu; durch Schlesien ging es über Crossen, Görlitz, Zittau . . . und so fort durch den Böhmer Wald bis gen Leitmeritz, das nächst Prag die vornehmste und festeste Stadt in Böhmen ist, wo wir etliche Tage stille lagen und lauschten, was für Wind wehen würde. Wir merkten, daß die Böhmen ihrem Herrn König Ferdinand, der in sie drang, ihm wider den Kurfürsten zu Sachsen, so stark sie könnten, Hilfe zu leisten, dazu in diesem Kriege nicht bereit waren, der König aber, wie der Augenschein lehrte, sie mit Gewalt dazu zu bringen suchte. Denn er brachte aus Ungarn und Schlesien ein ansehnliches Kriegsvolk zusammen. Die ungarischen Reiter werden gewöhnlich „Hussierer" (Husaren) genannt; es ist ein räuberisches und unbarmherziges Volk; über diese, wie über den ganzen Haufen setzte Ferdinand zum Obersten Sebastian von der Weitmulen, den er im Anfang des Kriegs während seiner Abwesenheit zum bevollmächtigten Regenten des ganzen Königreichs bestellt hatte. Der lag mit seinen Reitern bei Eger, und sie hieben dort den Kindern Hände und Füße ab und steckten sie wie Federbüsche auf die Hüte. Die Räte schickten mich auf Kundschaft nach dem Böhmer Wald auf Eger zu nach Schlackenwerth und Schlackenwalde, beides kleine Städtchen; wir trieben einen Mann auf, der neben meinem Pferde herlief, der beide Sprachen, deutsch und böhmisch, wohl kannte, einen verschlagenen, anschlägigen, jungen Menschen. Da stellte es sich heraus, daß die Böhmen den Wald auf Nürnberg und Eger zu — wo sich damals das Königliche Heer und auch ein Teil des Kaiserlichen aufhielt — so durch Verhaue geschützt hatten, daß es unmöglich gewesen wäre, den Reisigenzug, ja selbst die Landsknechte mit aufgerichteten Fähnlein, noch viel weniger das Geschütz ins Reich zu bringen. Die Räte schickten mich auch an Herrn

Kaspar Pflug in sein Schloß, da ihn die Stände des Reichs zum Obersten über ihr Heer gesetzt hatten. Der war sehr betrübt und redete recht bescheiden, unter anderm sagte er, sie wüßten nicht, was zu tun am sichersten und ratsamsten wäre. Denn auf der einen Seite wäre der Kurfürst von Sachsen ihr Bundesgenosse, mit ihnen der gleichen Religion, den könnten sie nicht verlassen, auf der andern Seite wäre Ferdinand ihr König, es liefe also die Freiheit des Reichs und die angenommene Religion Gefahr....

Während der Kurfürst vor Leipzig lag, zog der Kaiser ins Allgäu und nach Schwaben und dort von einer Stadt zur andern; als die Städte sich ergeben hatten, legte er einer jeden eine ansehnliche Geldstrafe auf und besetzte sie mit seinem Kriegsvolke. Die Spanier übten großen Mutwillen in Schwaben, sonderlich im Lande Württemberg....

Den 23. und 25. April hatte die Sonne ein so trauriges Aussehen, daß jedermann zur Tür kam und hinaufschaute. Gelehrte und Verständige kündigten an, daß unser Herrgott etwas Sonderliches verrichten wolle.

Ich ging allein zum Tor hinaus — die Zeit wurde mir lang —, spazierte neben dem Graben, durch den die Stadt befestigt war; da kommt einer zu mir, der sah ernst und zornig aus, redete mich mit gar ungestümen Worten in seiner Sprache an und wollte mich stracks hinunter in den Graben stoßen. Ich merkte wohl, daß er meinte, ich ginge deswegen dort herum, um die Festung auszuspähen und ihren Feinden Mitteilung davon zu machen, wie sie beschaffen wäre....

Den 26. April erhielt man zu Leitmeritz gewisse Nachricht durch die Post, daß der Kurfürst vor zwei Tagen gefangen worden wäre [1]).

Daher rückten wir aus Böhmen wieder hinaus auf Torgau zu. Da fand man die Dinge so beschaffen, daß man nicht sicher ins Lager vor Wittenberg kommen konnte. Denn das spanische Kriegsvolk lag davor, das übel ringsumher hauste, da mußte man durch. Wir beschlossen aber, daß ich nach Wittenberg ins Lager reiten und ihnen Geleit verschaffen sollte. Ich hatte keine Lust dazu und fragte,

---

[1]) Am 24. April auf der Lochauer Heide bei Mühlberg.

wie i ch denn o h n e Geleit hineinkommen sollte. Darauf sagte Moritz Damitz, der Hauptmann zu Ukermünde, es hätte keine Not, unser Herrgott würde mich bewahren und mein Geleitsmann sein. Ich erwiderte, ob sie denn unserm Herrgott nicht vertrauten, daß er sie ebensogut wie mich bewahren könnte; aber es half nicht; kurz und gut, es hieß soviel als: an mir wäre soviel nicht gelegen wie an ihnen. Sie kauften mir einen r o t e n Zindel¹), des Kaisers Feldzeichen, während ich vorher, als ich in des Kurfürsten Lager reiten mußte, wie auch in Böhmen, einen g e l b e n Zindel am Halse trug, was der Protestierenden Feldzeichen war. Den nahm ich herunter, steckte ihn in den Busen und hängte an seiner Statt das Kaiserliche Feldzeichen an und ritt meines Weges. Wie gefährlich es für mich gewesen wäre, wenn man beider feindlichen Herren Feldzeichen bei mir gefunden hätte, ist leicht zu ermessen; man hätte mich wohl am nächsten Baum aufgehenkt.

Zwischen Torgau und Wittenberg, bei und um das Dorf Mühlberg, wo die Schlacht stattfand, in der der Kurfürst auf der Lochauer Heide gefangen und an der Backe verwundet wurde ... sah ich viele Spuren derselben; denn auf der Walstatt sah man zerbrochene Spieße, Zündrohre, Halfter, Landsknechte, die an Zäunen lagen, tödlich verwundet, dazu verhungert und verschmachtet waren.

Um Wittenberg und bis dicht heran waren die Dörfer verwüstet, aus allen Höfen die Leute entlaufen, alles Vieh hinweggetrieben und in den Höfen nichts zurückgelassen; bisweilen sah man auf dem Felde den Leichnam eines Bauern liegen, dabei standen die Hunde und rissen ihm die Gedärme aus dem Leibe, oder einen Landsknecht, in dem noch ein wenig Leben war, der war geschwollen am Leib, an Armen und Beinen, die ihm aufgerissen und voneinander gesperrt waren, daß man ihm eine Tonnenbalge zwischen die Schenkel hätte setzen können.

Als ich nahe ans Lager kam und den spanischen Haufen liegen sah, begegnete mir ein Spanier, der sagte: „Lantz, Lantz (Landsknecht, Landsknecht), du bist noch nicht lange kaiserlich"; ich ritt meine Straße fort, nahm das neue Feld-

---

¹) Streifen von rotem Taffet (Feldbinde).

zeichen vom Halse und rieb es auf den geschmierten Stiefeln, daß ihm die Neuheit verging, und kam so ohne Schaden durch die Spanier ins Lager. Da war ich ohne alle Gefahr, blieb etliche Tage darin und versuchte es auf mancherlei Art, wenn auch vergeblich, für die pommerschen Gesandten Geleit zu erlangen.

Von Wittenberg aus ließen sie bisweilen das Geschütz nach dem Lager zu spielen. Die mir bekannten pommerschen Reiter warnten mich, wenn ich jemals aus dem Lager nach der Stadt zu gehen wollte, sollte ich nicht den geraden Fahrweg einhalten, sondern herüber und hinüber, überzwerch gehen; auf diese Art könnten die Städter keinen sicheren Schuß auf mich abgeben. Es ging einmal einer neben mir, da brannten die Städter ein Geschütz los, die Kugel flog ihm dicht am Kopfe so geschwind vorbei, daß die Zerteilung der Luft ihn dermaßen zu Boden schlug, daß man ihn für tot aufhob und ins Lager trug. Seitdem blieb ich im Lager.

Ich suchte Gelegenheit, mit dem Vizekanzler Dr. Seld des Geleits wegen zu reden; der konnte nicht oft genug betonen, wie tief verbittert die Kaiserliche Majestät sei; man suche jetzt den Absagebrief hervor, den man[1]) aus dem Lager vor Ingolstadt der Kaiserlichen Majestät nach Ingolstadt geschickt habe (1546), und würde den nachprüfen. Dem antwortete ich: obwohl der Kurfürst von Sachsen meines gnädigen Herrn, des Herzogs Philipp, Schwager sei — denn der hätte des Kurfürsten Schwester zur Frau —, so hätte doch Se. Fürstl. Gnaden wie auch Herzog Barnim sich zum Beitritt zum Schmalkaldischen Bunde nicht bestimmen lassen, den Protestierenden in diesem Kriege weder mit Geld noch Kriegsleuten irgend welche Hilfe geleistet mit Rat oder Tat. Solches und nichts anderes würde Kaiserliche Majestät bei genauer Erkundigung erfahren; des Geleits wegen erhielt ich keine Vertröstung.

Man erzählte im Lager: Als der Kurfürst gefangen war und Christoph Carlowitz[2]) ... zum Kaiser kam, habe

---

[1]) Kurfürst Johann Friedrich von Sachsen und Landgraf Philipp von Hessen.

[2]) Der vertraute Rat des Herzogs Moritz von Sachsen.

der Kaiser gesagt: „Wohl, Carlowitz, wie soll es nun werden?" Carlowitz: „Das steht in Eurer Kaiserlichen Majestät Händen." Darauf der Kaiser: „Ja, ja, es soll nun gut werden!" Als nun der Kurfürst vor den Kaiser gebracht wurde und vor ihm auf die Knie gesunken, habe König Ferdinand auf die Worte des Kurfürsten: „Allergnädigster Kaiser und Herr!" auf ihn sofort hineingeredet: „Ist er jetzt dein allergnädigster Kaiser? Wie war es aber vor Ingolstadt? Nun, du sollst deinen Bescheid wohl bekommen!" Ferdinand habe dann, nachdem der Kurfürst zum Tode verurteilt worden war, fleißig beim Kaiser darauf gedrängt, ihn enthaupten zu lassen, doch habe, ehe noch der Kurfürst von Brandenburg [1]) ins Lager gekommen sei, der Marquis v. Saluzzo dagegen gesprochen und vielmehr geraten, der Kaiser möge ihn als seinen höchsten Schatz bewahren; denn würde er ihn richten lassen, so würde er das ganze Reich deutscher Nation wider sich haben.

Da ich nun merkte, daß ich in Sachen des Geleits nichts Fördersames ausrichten konnte, ritt ich wiederum nach Torgau zu den pommerschen Gesandten, die denn auch nach Anhörung des Berichts anspannen ließen und den nächsten Weg nach Stettin fuhren.

c) Aufs neue im Feldlager vor Wittenberg.

Der Kurfürst von Brandenburg hatte sich meinen gnädigen Herren gegenüber, mit denen er in brüderlicher Verwandtschaft stand, oft und hoch erboten, sein Bestes bei Kaiserlicher Majestät zu tun; ihm antworteten meine Herren freundlich, und es ward beschlossen, daß ich den Brief Sr. Kurfürstlichen Gnaden ins Feldlager vor Wittenberg bringen sollte; auch ward mir anvertraut, was ich sonst noch bei dem Vizekanzler und andern anwesenden Kaiserlichen Räten vorbringen sollte. Und damit ich desto eher ins Feldlager kommen konnte, waren an sechs Orten Klepper bestellt, so daß ich an jeder Stelle ein neues Pferd haben könnte, um nach Art der Post schleunig vorwärts zu kommen.... Aber auf der ersten, zweiten, dritten, vierten, fünften (Stelle) fand ich kein Pferd, die sechste Stelle war

---

[1]) Joachim II.

Altbrandenburg. Dort lag ein hinterpommerscher Edelmann ... auf Kundschaft, und dort stand der letzte und beste Klepper gesattelt bereit. Aber der Edelmann war auf ihm ins Lager spazieren geritten; ich mußte also den ersten Klepper, auf dem ich ausgeritten war, behalten.

Am 1. Juni kam ich ins Lager und ritt zu dem Platze, da der Kurfürst von Brandenburg seine Zelte hatte aufschlagen lassen. Ich übergab meiner Herren Schreiben Sr. Kurfürstl. Gnaden Kanzler, Dr. Weinleben, und bat, daß ich so schnell als möglich wieder abgefertigt werden möchte. Am andern Tage ritt ich wieder vor das Zelt des Kanzlers und fragte, ob das Antwortschreiben fertig sei. Er sagte: "Nein, es kann so schnell, wie du meinst, nicht ausgefertigt werden." Den 3. Juni wartete ich nicht bloß dem Kanzler auf, sondern redete ihn auch abermals wegen der Antwort an; denn ich sah, daß der Kurfürst alle Tage etliche Male zum Kaiser ritt, und da der Kaiser eine Schiffbrücke über die Elbe geschlagen hatte, auf der er sein Zelt auf die andere Seite des Wassers hatte bringen lassen, als wenn er abziehen wollte, so meinte ich, die Angelegenheit meiner Herren würde gefördert. Der Kanzler aber wurde zornig und sagte: "Fürstliche Händel wollen Zeit und Weile haben; wie darfst du so treiben? Du bist ja nur ein Bote; du wirst wohl sehen, wenn man dich abfertigt; hier hast du des Kurfürsten Antwortschreiben, nimm es hin und reite deine Straße, daß ich dich nur los werde." Ich ritt mit dem Briefe hinter einen Busch, erbrach den Brief und ritt, nachdem ich ihn gelesen hatte, wieder zum Kanzler. Sobald der mich sah, sprach er: "Was ist denn nun wieder los? Willst du mich noch weiter plagen?" Ich sagte, meine gnädigen Fürsten und Herren haben mir befohlen, des Kurfürsten Antwortschreiben zu erbrechen und, je nachdem ich seinen Inhalt finden würde, meine weiteren Befehle auszurichten. Nun finde ich in dem Kurfürstlichen Schreiben eben dasselbe, wozu sich Se. Kurfürstl. Gnaden früher meinen gnädigen Herren gegenüber freundlich und brüderlich erboten haben, daß nämlich Se. Kurfürstl. Gnaden bei der Kaiserlichen Majestät meines gnädigen Herren Bestes vertreten wollen. Da ich nun sehe, daß der Kurfürst seine Zelte abbrechen läßt und zu der Kaiserlichen Majestät zu reiten sich anschickt, um seinen Abschied zu nehmen, so wollte ich untertänigst gebeten haben, Ihrer Kurfürstl. Gnaden die meinen gnädigen Herren gegebenen Zusagen besonders ans Herz zu legen. Ich will auf die Rückkehr Sr. Kurfürstl. Gnaden vom Kaiser warten, damit ich meinen gnädigen Herren etwas Gewisses mitzubringen habe." Da begann die Unterredung zwischen dem Kanzler und mir etwas anders zu klingen; er duzte mich nicht allein nicht mehr, sondern bat mich auch angelegentlicher, als nötig war, ihm zu verzeihen. Er hätte die Sachlage nicht gekannt, wollte, was ich jetzt gebeten hätte, dem Kurfürsten mit Eifer vortragen; ohne Zweifel werde Se. Kurfürstl. Gnaden sich angelegen sein lassen, der Herzöge jetzt beim Abzuge der Kaiserlichen Majestät aufs beste zu gedenken.

Der Kurfürst ritt zum Kaiser, ich folgte langsam nach und wartete, bis der Kurfürst wieder aus des Kaisers Zelte kam, aufsaß und nach der Schiffbrücke ritt; ich folgte eilends nach, denn ich besorgte, der Kurfürst könnte unmittelbar fort nach Berlin reiten, wie denn auch geschah.... Als ich zum Kurfürsten kam, ließ Se. Kurfürstl. Gnaden mir durch den Kanzler Weinleben sagen, er hätte keine Gelegenheit gehabt, bei der Kaiserlichen Majestät der Herzöge von Pommern zu gedenken, doch sollte es durch seine Räte geschehen, denen er befohlen hätte, dem kaiserlichen Hofe nachzuziehen; was die ausrichten und erlangen würden, wollte er alsdann meinen Herren schreiben....

Wie der Kaiser sein Feldlager vor Wittenberg hielt, was sich darin begeben, wie es dem Kurfürsten von Sachsen ergangen, wie die Kurfürstin vor dem Kaiser einen Fußfall getan hat, der aber sie gnädig empfangen und getröstet hat, wie Wittenberg sich ergab, die Kriegsleute von dort abzogen, König Ferdinand zuerst, hierauf der Kaiser selbst dort einzogen, wie er die Festung und das Schloß besehen, sich abermals gegen die Kurfürstin mit gnädigen und tröstlichen Worten bezeigt hat, das hat Sleidanus[1]) im 19. Buch genau und wahrheitsgemäß beschrieben. Ich hörte aber im Lager, daß erst der König und Herzog Moritz, nachher auch der Kaiser die Schloßkirche mit Fleiß besichtigt hätten, denn

---

[1]) Philippi, nach seiner Heimat Schleiden bei Köln Sleidanus genannt, ist der Geschichtschreiber der Reformation (gest. 1556).

sie, sonderlich der Kaiser und der König, bildeten sich ein, daß man über Luthers Begräbnisstätte Tag und Nacht brennende Lampen hängen und Wachskerzen stehen hätte und davor betete, wie in papistischen Kirchen vor den Reliquien der verstorbenen Heiligen geschieht.

Am 4. Juni ließ der Kaiser vor Wittenberg den Herzog Moritz als Kurfürsten ausrufen.

d) Vom großen Alarm vor Halle.

Ich ritt nach Treuen-Brietzen; dort wartete der Kanzler Jakob Zitzewitz auf mich. Nachdem er gehört hatte, wie mir's allenthalben ergangen war, sagte er, meine gnädigen Herren hätten sichere Kundschaft, daß der Kaiser mit dem ganzen Haufen auf Halle ziehen und dort einige Tage bleiben wolle; deswegen würden noch mehr pommersche Räte folgen und heute oder morgen zu ihm kommen, alsdann würden sie miteinander nach Halle ziehen; ich sollte nur nach Halle reiten, ihnen Herberge sichern und bei dem braunschweigischen Rittmeister Werner Hahn bestellen, daß er ihnen mit etwa 20 Pferden bis Bitterfeld am 12. Juni entgegenreiten möge, die sie nach Halle führen könnten.

Am 12. Juni kamen die pommerschen Gesandten vormittags nach Bitterfeld und zogen dicht vor dem in die Stadt führenden Tore in die allgemeine Herberge, denn der Weg nach Halle geht hart am Tore vorüber.... Der Hussierer- (Husaren-) Hauptmann zog mit ihnen nach Bitterfeld hinein in eine andere Herberge. Da die Ankunft der von mir bestellten braunschweigischen Reiter sich etwas länger verzögerte, als die Räte gern sahen, ließen sie den Wagen von der Gasse in die Herberge ziehen. Als der Husaren-Hauptmann, nachdem er Mittag gehalten hatte, wieder aus Bitterfeld ritt und den Wagen der Gesandten nicht mehr auf der Gasse fand, meinte er, die Gesandten wären alle schon voraus. Als ihm nun die Reiter unterwegs begegneten, meldete er, daß die Gesandten vor ihm aus Bitterfeld abgereist seien; daraus schlossen sie, daß sie einen andern Weg gefahren wären, als die Reiter geritten, und kehrten mit dem Hauptmann wieder um.

Nun hatte ich in der bestellten Herberge gegen Abend kochen, für die Pferde die Streu machen und alles vorrichten laſſen, auch hatte ich während der Zeit, da ich in Halle ſtille lag, mir Kleider machen laſſen; dieſe legte ich an und ging zu dem Tore, durch das die Geſandten hereinkommen ſollten, hinaus bis auf eine Höhe, von der aus ich etwas weiter ins offene Land hinausſehen konnte, und wurde gewahr, daß etliche Reiter daher geritten kamen. Ich gedachte alſo eilends weiter nach der Stadt zurückzugehen, denn die Räte würden mir ordentlich den Text geleſen haben, wenn ſie bemerkten, daß ich mich ſo weit aus dem Lager herausgewagt hatte. Da kamen zwei nackte (ärmlich gekleidete), loſe ſpaniſche Böſewichter, der eine ging, der andere ritt auf einem kümmerlichen Bauernpferde, das er geſtohlen hatte, — ein Zündrohr am Sattel — querfeldein auf mich zu und ſahen ſich nach allen Seiten um, ob jemand da wäre, der ſehen konnte, wie ſie mit mir umzugehen gedachten. Der auf dem Pferde ſaß, zog das Rohr aus der Halfter; in dieſem Augenblicke ſieht er Reiter daher kommen und ſpricht: „Sind die da von deiner Partei?" Als ich darauf antwortete: „Señor si!" (jawohl, Herr!), ſagte er: „O Lantz, Lantz!" (Landsknecht!), ſtieß das Rohr wieder in die Halfter, und dann zogen ſie vorüber.

Als ich nun wieder vor die Stadt kam, war dieſe allenthalben verſchloſſen, und ein Trompeter ritt, was er reiten konnte, um die Stadt und ſtieß in die Trompete. Ich hatte ſo etwas noch nie gehört und wußte nicht, was es bedeutete. Indem kam der Huſſierer-Hauptmann auch an die Stadt, erkannte mich, fragte mich, was ich da machte und warum die Tore verſchloſſen wären und man Alarm blaſe. Als ich ſagte, daß ich's nicht wüßte, auch das Blaſen vorhin nicht verſtanden hätte, und ihn fragte, ob er die pommerſchen Räte unterwegs geſehen hätte, wunderte er ſich, daß ſie nicht ſchon längſt angekommen wären, und ſagte, daß es nicht mit rechten Dingen zugehe, denn ſie ſeien lange vor ihm aus Bitterfeld abgefahren; es wären ihm aber etliche ſpaniſche Reiter begegnet, die hätte er angeſprochen und gefragt: wohinaus? Die hätten geſagt, ſie wollten etlichen fürſtlichen Geſandten auf den Dienſt paſſen. Gewiß würden ſie ſie gefangen genommen, von der rechten Straße in den Wald geführt und ausgeplündert haben. Mir wurde die Zeit lang, bis ich zum braunſchweigiſchen Rittmeiſter Werner hahn kommen, ihn berichten und ihn bitten konnte, die vorigen Reiter oder andere und mehr als zuvor nach Bitterfeld zu schicken und die Gesandten aufsuchen zu lassen. Während dessen war der Lärm auf der andern Seite der Stadt gestillt worden, die Tore wurden wieder geöffnet, so daß ich noch am Abend bei Werner Hahn mein Anliegen vorbringen konnte.

Darauf ritten am folgenden Morgen früh die Reiter auf den Weg nach Bitterfeld hinaus. Etwa eine Stunde nachher kommt der oben erwähnte hinterpommersche Edelmann, den die Gesandten von sich aus geschickt hatten, zu erfahren, warum den vorigen Tag die Reiter nicht zu ihnen gekommen wären; sie wären übel mit mir zufrieden, daß ich's nicht besser bestellt hätte.

Mich wundert, daß sowohl Sleidan als auch Beuther[1]) dieses Alarms mit keinem Wort gedenken, darum will ich seine Geschichte genau und wahrheitsgemäß beschreiben.

Es soll in Kriegen häufig vorkommen, daß der eine dem andern ein Pferd stiehlt; die Sache pflegt dann so zu verlaufen: Der, dem eines andern Pferd gefällt, kauft sich einen verschlagenen Reiterknaben um 6 oder 8 Taler dazu, daß er ihm das Pferd verschaffe. Dann schickt er es auf fünf oder sechs Wochen fort, daß es etwas aus dem Gesichtskreis komme, verändert es an Schwanz, Mähnen, Zöpfen oder andern Abzeichen und läßt es sich dann wieder ins Lager bringen. Das tut denn auch ein deutscher Edelmann, läßt sich zu nutz durch einen Knaben einen spanischen Hengst stehlen und den Gaul, nachdem er ihn eine Zeitlang nach seiner Heimat geschickt hatte, wieder ins Lager bringen, als er meinte, die Sache sei nunmehr vergessen.

Nun lagerten auf einer schönen Wiese, an einem lustigen Orte an der Saale, die deutschen Reiter — acht oder mehr Schwadronen, das gesamte deutsche Fußvolk aber zu großem Glücke in der Stadt; denn hätte das dem reisigen deutschen Zuge zu Hilfe kommen können, so wäre ein furchtbares Blutbad erfolgt. Darum handelte der Kaiser beim Anfang des Alarms weislich, daß er die Stadt sperren ließ, damit das Fußvolk nicht hinauskommen könnte. Die Spanier aber

---

[1]) Michael Beuther, geb. 18. Oktober 1522 in Karlstadt, gest. 27. Oktober 1587 in Straßburg, war Geschichtschreiber der Reformationszeit; er übersetzte Sleidans Werk ins Deutsche.

lagen auf der Höhe um das Schloß. Gegen Abend wurde der gestohlene Hengst zur Tränke in die Saale geritten. Ein spanischer Junge erkennt den Gaul, spricht, er gehöre seinem Herrn, und will damit davon. Der deutsche Junge will ihn sich nicht nehmen lassen und bekommt drei oder vier deutsche Reiter zum Beistand, der Spanier zehn oder zwölf, der Deutsche zwanzig oder dreißig; die beiden Haufen wuchsen je länger je mehr und begannen aufeinander zu schießen. Die Spanier hatten, da sie auf der Höhe waren, großen Vorteil vor den Deutschen, die fast unter ihnen lagen; sie schossen durch die Zelte der Deutschen hindurch etliche vom Adel am Tische tot. Die Deutschen wiederum schonten der Spanier nicht. Der Kaiser schickte einen spanischen Herrn hinaus auf einem wohlgestalteten spanischen Gaul; den Hals mit goldenen Ketten geschmückt, prangte er einher; der sollte die deutschen Reiter zufriedenstellen und den Alarm stillen. Da schrien die Deutschen einander zu: „Schieß den spanischen Bösewicht nieder." Als nun der auf die Brücke kommt, um über die Saale zu reiten, erschießt einer den Gaul unter ihm, so daß er mit seinem kettengeschmückten Reiter von der Brücke in die Saale stürzte und dieser darin ertrinken mußte. ...

Der Kaiser schickte des Königs Ferdinand Sohn, Erzherzog Maximilian, der nachher römischer Kaiser wurde, hinaus, indem er es für gewiß hielt, daß sie dem Gehör geben und sich von ihm beschwichtigen lassen würden. Aber sie schrien gleicherweise: „Man schlage den spanischen Bösewicht nieder." Dabei schlägt einer ihn (den Erzherzog) auf den rechten Arm, daß er ihn, wie ich selbst gesehen habe, etliche Tage in einer schwarzen Binde tragen mußte.

Schließlich kam der Kaiser selbst hinaus und sagte: „Liebe Deutsche, ich weiß, ihr seid ohne Schuld, gebt euch zufrieden; ich will euch den erlittenen Schaden erstatten und bei meiner Kaiserlichen Ehre morgenden Tags vor euren Augen die Spanier henken lassen." Dadurch wurde der Alarm gestillt und die Stadt wieder geöffnet.

Den andern Tag, den 13. Juni, ließ der Kaiser den Schaden im deutschen und spanischen Lager besichtigen und feststellen, und da sich's herausstellte, daß bei den Deutschen 18 Junker und Knechte und 17 Pferde, bei den Spaniern aber 70 Personen erschossen worden waren, ließ der Kaiser den deutschen Reitern sagen: Se. Majestät wollten ihnen ersetzen lassen, was die Pferde schätzungsweise wert gewesen wären, seien auch nicht abgeneigt, wie sie tags zuvor versprochen hätten, die Spanier henken zu lassen; da sie (die Deutschen) aber selbst gesehen hätten, daß die Spanier einen vierfach höheren Schaden erlitten hätten, und sie also genügend gerächt wären, hoffe der Kaiser, daß die Deutschen sich damit zufrieden geben würden.

e) Die Unterwerfung des Landgrafen von Hessen.

Am 18. Juni gegen Abend führten die beiden Kurfürsten von Sachsen und Brandenburg den Landgrafen Philipp von Hessen zwischen sich nach Halle. Sofort am andern Tag gegen Abend um 6 Uhr tat der Landgraf auf dem großen Saal in des Kaisers Wohnung im Beisein vieler Herren, Kurfürsten, Fürsten, fremder Potentaten, Botschafter, Grafen, Obersten, Befehlshaber und einer großen Anzahl anderer Leute, soweit sie ins Gemach gingen und von außen her durch die Fenster hineinsehen konnten, mit seinem Kanzler, der neben ihm kniete, einen Fußfall. Aber als der Kanzler demütig genug die Abbitte tat, saß der Landgraf — wie er denn ein spottsüchtiger Herr war — da und lachte gar höhnisch. Da drohte ihm der Kaiser mit dem Finger, sah zornig darein und sagte: „Wohl, ich will dich lachen lehren." Das geschah denn auch mehr als zuviel.

Achtzehntes Kapitel.
Reise im Gefolge des Kaisers bis nach Augsburg[1]).

a) Reise bis Nürnberg.

(Auf Geheiß der pommerschen Räte blieb Sastrow im Kaiserlichen Lager unter dem Schutze eines hinterpommerschen Edelmanns Georg v. Wedell, der dem Kaiser mit 29 Pferden diente.)

Am 20. Juni zog der Kaiser auf Naumburg zu ab und blieb daselbst drei Tage. Am 24. Juni ziemlich früh mußte

---
[1]) Teil II, Buch 1, Kap. 8—10.

die Kaiserliche Majestät, während die Kaiserlichen sich sammelten, draußen vor dem Tore von Naumburg etwas warten. Nun hatte er einen samtnen Hut auf und einen schwarzen Mantel an, der zwei Finger breit mit Samt besetzt war. Als aber ein Platzregen eintrat, schickte er in die Stadt und ließ sich seinen grauen Feldmantel und Feldhut aus der Stadt holen; mittlerweile schlug er den Mantel um, hielt den Hut unter den Mantel und ließ sich auf den bloßen Kopf regnen. Armer Mann, der etliche Tonnen Gold fürs Kriegführen ausgeben kann, aber das samtne Hütlein und den Mantel sich nicht vom Regen verderben lassen will, sondern sich den Regen viel lieber auf den bloßen Kopf fallen läßt.

Der Landgraf wurde immer einen Tagemarsch vor dem Kaiser von den Spaniern einhergeführt; die hielten allenthalben übel Haus.... Im Lande zu Franken, während der Kaiser die Nacht in Koburg lag, wurden die deutschen Reiter in die nächsten Dörfer umher gelegt, alle Edel= wie Bauernhöfe waren leer, kein Mensch ließ sich darin sehen, denn sie hatten tags zuvor den schweren Durchzug der Spanier erlitten und fürchteten, es möchte den andern Tag ihnen ebenso ergehen....

Am folgenden Tage wurden wir in einem Dorf an einer schönen lustigen Wiese einquartiert; da sattelte ich mein Pferd ab und ließ es bis zum andern Tag in die Wiese laufen. In dem Dorfe war ein schöner Edelhof, der stand sperrangelbreit offen; auf dem Hofe hielt ein Wagen mit vier starken Pferden davor, auf dem Wagen lagen zwei Fässer voll köstlichen Weins; viele Kapaunen, Kraniche und Fasanen gingen umher. Wir schlugen sie flugs tot, brachten sie in unser Zelt, rupften sie und brachten sie zum Feuer, um sie zu braten und zu sieden. Wir fanden keinen Widerstand, konnten tun, was wir wollten. Den Boden fanden wir voll Hafer, mit dem füllten wir unsere Futtersäcke, nahmen den Wagen mit dem Wein und die Pferde vor dem Wagen mit bis nach Nürnberg, doch tranken wir den Wein unterwegs aus. In Nürnberg verkauften wir später Pferde und Wagen.... Am Morgen, als es Tag wurde, wollte ich meinen Hengst wieder satteln und zäumen, da war er mir in der Nacht gestohlen worden. Ich nahm mir wiederum nach Kriegsgebrauch den nächsten besten, den ich ergreifen konnte, weg, putzte ihn, legte Sattel und Zaum darauf und ritt darauf meine Straße weiter....

Nach Bamberg kamen wir am 1. Juli. Der Kaiser zog gegen Mittag auf einem kleinen Pferde mit großem Gefolge ein. In der Vorstadt war eine rechtwinkelige Bucht nach der eigentlichen Stadt zu. Gerade in dem Winkel war der gefangene Kurfürst von Sachsen einlogiert, so daß er sowohl feldwärts in die Vorstadt hinaus, als auch in die eigentliche Stadt hineinsehen konnte. Er stand oben am Fenster, um den Einzug zu sehen. Als nun der Kaiser in die Einbiegung gegenüber dem Kurfürsten kam, neigte sich dieser gar tief vor ihm, aber der Kaiser ließ ihn nicht aus den Augen, so lange er ihn sehen konnte, und lachte gar höhnisch.

Am 3. Juli schrieb der Kaiser zu Bamberg den Reichstag nach Augsburg aus und gebot den Kurfürsten und Fürsten, in Person am 1. September daselbst zu erscheinen, den andern, sich durch ihre bevollmächtigten Gesandten vertreten zu lassen.

Aus Bamberg und dem Stift Bamberg nahmen die Spanier an die 400 Frauen, Jungfrauen und Mägde mit sich bis nach Nürnberg; von dort haben sie sie wieder zurücklaufen lassen; Eltern, Männer und Brüder sind ihnen gefolgt....

Vor Nürnberg sah ich auf der Wiese meinen Leibhengst laufen; ich ließ den, welchen ich bei Koburg nach Kriegsgebrauch erworben hatte, wieder laufen und legte Sattel und Zaum meinem eignen auf und an und ritt auf demselben nach Nürnberg.

Der Kaiser zog gemächlich — denn es war eine gewaltige Hitze in den Hundstagen — seine Straße; er hatte auch nicht nötig zu eilen, da der Reichstag erst auf den 1. September nach Augsburg angesetzt worden war.

Dieweil der Kaiser mit seinem Kriegszuge so langsam weiterzog, ritt ich mit Georg von Wedell spazieren, an den Kriegsleuten entlang; wir besahen sie von einem Ende zum andern, und gar lustig waren sie anzusehen, ein jeder in seiner besondern Rüstung und Wehre in der Schlachtordnung. Bald waren wir bei den spanischen Kriegsleuten, bald bei den deutschen; gleichwohl konnten wir abends bei

unsern Pferden sein. Sie hielten nicht den richtigen Fahrweg ein, sondern gingen in die Richte[1]) und bildeten eine
ansehnliche Straße, viermal breiter als die Landstraße; was
ihnen hinderlich war, mußte weichen; die Zäune wurden
niedergerissen, die Gräben zugeworfen. Als wir einmal
am spanischen Haufen in die Enge kamen, so daß Georg
von Wedells wildes Pferd nicht weit genug von den Landsknechten bleiben, die Spanier auch nicht weichen konnten
oder wollten, ward der Gaul gar ungehalten. Da fluchte
der von Wedell: „Daß dich die Franzosen[2]) befallen möchten,
alter Bösewicht!" Darauf der Spanier: „Mein gnädiger
Herr, ich bin kein Franzose, ich bin ein Spanier." Denn die
Spanier lassen sich bedünken, daß sie viel edler seien als
die Franzosen.

b) **Geschichten vom Herzog Friedrich von Liegnitz**[3]).

... Zu Nürnberg, wo ich des Anschlusses an Georg
von Wedell nicht mehr bedurfte, ritt ich in ein Wirtshaus,
in dem der Herzog von Liegnitz Herberge genommen hatte.
Die Kaiserliche Majestät kam auch mit großem Gefolge
heran und blieb bis gegen 1. September in Nürnberg.

Der Herzog von Liegnitz, der von seines Vaters wegen
beim Kaiser ein Ansuchen hatte, lag beständig dem Saufen
ob und war stets voll, und damit er dazu in Nürnberg
Gesellschaft haben möchte — denn die ihm beigeordneten
Räte wollten ihm bei seinem Herumschwärmen keine Gesellschaft leisten —, hatte er gern des Markgrafen Johannes
Hofleute bei sich, die denn mit ihm in schmählicher Weise
soffen. Als sie einst ganz bezecht waren, ließen der Herzog
und sechs Markgräfliche sich den rechten Ärmel von Wams
und Hemde schneiden, so daß der Arm ganz nackt war;
dann nestelten sie sich die Hosen auf, zogen das Hemd zwischen

---

[1]) D. h. sie gingen geradeaus ohne Rücksicht auf die Windungen der Straße.

[2]) Volkstümliche Bezeichnung für die Syphylis.

[3]) Herzog Friedrich III., ein sittenloser und dem Trunke er-
gebener Fürst, der, nachdem er 1547 seinem Vater gefolgt war,
1551 entsetzt, 1557 wieder eingesetzt, aber von 1559 ab bis an seinen
Tod gefangen gehalten wurde.

Hosen und Wams etwas heraus und gingen ohne Schuhe auf den Socken bloßen Hauptes — das große Spiel der Nürnberger Spielleute, die mit aller Macht blasen mußten, voran — einer hinter dem andern ganz leise bald nach dem Mittagessen aus der Herberge nach der Wohnung des Herzogs Heinrich die Gasse entlang. In der einen Hand hatte der Herzog ein Paar Würfel und in der andern etliche Goldstücke. Eine große Masse Menschen, besonders von fremden Nationen, Italiener und Spanier, lief zusammen und sah diesen deutschen „Ebriaken" (Trunkenbolden) zu. Aber der Wein überwältigte sie, so daß, als sie zum Braunschweiger hinaufkamen, der Liegnitzer mit beiden Händen vor dem Herzog von Braunschweig auf den Tisch schlug; aus der einen Hand hatte er das Geld verloren, in der andern hatte er nur einen Würfel; er konnte nicht lallen, sondern stürzte bei dem Tische nieder. Der Braunschweiger ließ ihn durch vier von seinen Edelleuten aufheben, eine Stiege hinauftragen und in ein Bett legen. Der Kaiser soll übel damit zufrieden gewesen sein, daß den Deutschen vor andern Nationen solch ein greulicher Spott widerfuhr.

Nun waren bei ihm Anzeichen genug dafür vorhanden, daß er nicht übel erzogen war; denn ich habe etliche Tage zuvor über Tisch, wo er ziemlich bezecht war, von ihm ganze Geschichten aus dem alten Testament, nicht wie sie in der Bibel stehen, sondern in seinen eignen Worten, nicht allein erzählen, sondern auch auf seines Vaters Angelegenheiten, die er beim Kaiser zu vertreten Befehl hatte, anwenden hören, daß ich mich gar sehr wunderte.

Darum ist zwar an der Erziehung gar viel gelegen, aber es gehört doch auch dazu, daß, wenn der gut Erzogene zu den Jahren der Selbständigkeit kommt, er durch Gott, den heiligen Geist, zum rechten Gebrauch dessen, was er in seiner Jugend gelernt hat, getrieben und geführt werde; das haben die Eltern neben ihrer Erziehung samt den Kindern vom lieben Gott zu erbitten. Als Frucht des Vollsaufens erkennt man, daß man aus der einen Sünde in die andere fällt. Denn als der Herzog keine Saufgesellschaft zu Nürnberg mehr bekommen konnte, kam er in der Nacht vor meine Kammer und klopfte und rief so lange, daß ich erwachte und ihm antworten mußte. Da bat er mich um

Gottes willen, aufzustehen und mit ihm zu saufen. Ich sagte aber, es wäre meine Art nicht, bat ihn untertänigst, meiner und insbesondere seiner selbst damit zu schonen, so daß ich ihn, da ich ihm die Kammer nicht öffnete, los wurde.

Als der Kaiser an 16 Tage zu Nürnberg stillgelegen hatte und des Morgens früh von dannen auf Augsburg weiterziehen wollte, stand der Herzog einmal so früh auf, daß er um 6 Uhr nach des Kaisers Quartier ritt; aber der Kaiser war wohl schon zwei Stunden zum Tore hinaus. Da schämte sich der Herzog, ihm nach Augsburg zu folgen, und schickte zwei seiner Räte dem Kaiser nach Augsburg nach....

Der Herzog aber blieb bei seinem unordentlichen Leben; er ritt zwar mit seinem Hofgesinde in sein Land zurück, aber von dem unordentlichen Saufen ließ er nicht ab. Als er einst zu Liegnitz in seinem Lande beim Trunke saß, führte zwei Studenten, die ihre Eltern und Freunde besuchen wollten, ihr Weg nach Liegnitz. Die aßen dort zu Morgen, sangen auch fröhlich dazu, daß es der Herzog hörte. Darauf schickte er zu ihnen, ließ sie greifen, stracks zum Tore hinausführen und ihnen die Köpfe abhauen. Den andern Morgen, ehe er wieder zu saufen anfing, ritten etliche seiner Räte mit ihm spazieren und führten ihn eben auf den Platz, wo die zwei Studenten enthauptet worden waren. Als er das Blut sah und fragte, was das wäre, sie aber ihm meldeten, es wäre das Blut der beiden Studenten, die er den Tag zuvor hätte hinrichten lassen, wunderte er sich und fragte, was sie getan hätten.

Als er einmal so recht bezecht war, befahl er seinen Räten bei Todesstrafe, sie sollten ihn bei Wasser und Brot in den Turm sperren, und wenn sie nicht also tun würden, wollte er ihnen den Kopf vom Rumpfe hauen lassen. Sie gingen mit ihm hinüber in den Turm; darin saßen bereits Gefangene; zu denen wurde er hinabgelassen und dem Turmhüter wurde befohlen, ihn nicht wieder herauszulassen, und verboten, ihn anders als mit Wasser und Brot zu speisen. Als er nun seinen Rausch ausgeschlafen hatte und sich etwas ermuntern konnte, unterhielt er sich mit den Gefangenen und rief dem Kerkermeister zu, ihn wieder herauszulassen. Der sagte, es wäre ihm zu streng verboten, meldete es aber den Räten. Die warteten bis zum dritten Tage. Er hörte nicht auf, dem Kerkermeister zu befehlen, daß er die Räte bitten sollte, seine Loslassung zu erlauben. Sie aber sagten, er hätte es ihnen bei Kopfabhauen verboten, und sie wüßten, daß er damit nicht scherzte; deswegen dürften sie seine Freilassung nicht gestatten. Er versprach aber ihnen so hoch und teuer, sie nicht zur Rechenschaft ziehen zu wollen, daß sie ihn aus dem Turme kommen ließen.

Ungefähr drei Jahre nachher wollte er — alles nur, um mit den Höflingen zu saufen — nach Stettin reiten. Als Herzog Barnim das erfuhr, zog er mit seinem ganzen Hofgesinde (nur die Frauen ließ er zurück) nach dem Kloster Kolbitz. Als er nach Stettin kam, wurde er vom Schlosse, da weder der Herzog noch jemand von den Hofjunkern zur Stelle war, in ein Haus in der Stadt verwiesen, in dem ein alter Mann zu Bett im Todeskampfe lag; man meinte, daß er dann lieber fortgehen würde. Aber er blieb nicht nur, sondern ging auch zu dem Kranken ans Bett, sagte ihm etwas aus Gottes Worte vor, bis er verschied, und drückte ihm dann die Augen zu. Dem Valentin[1]), der mit der Armenbüchse umherzog und zu ihm ins Haus kam, steckte er etliche Taler in die Büchse, ließ schwarzes Tuch holen, sich und dem Valentin zu Trauermänteln, und wollte dem Toten mit Valentin zum Begräbnis folgen. Das wollte die Herzogin nicht leiden, sondern ließ ihn nach ihrem Haus ins Gemach über der Kanzlei fordern, dem Frauenzimmer gerade gegenüber, daß sie miteinander reden konnten. Ich war damals auch zu Stettin auf dem Hofe in der Küche; ich wollte hinunter über den Hof gehen. Da stand der Herzog am Fenster, steckte den Kopf zum Fenster hinaus, sperrte mit beiden Händen das Maul gegen mich auf und schrie mich laut an: „Buy!" Da ich von Nürnberg her wußte, wie man mit ihm umgehen mußte, antwortete ich: „Bah!" Darauf sagte er: „Ei, das ist ein rechtschaffener Kerl; ich bitte Euch um Gottes willen, kommt zu mir, wir wollen einander gute Gesellschaft leisten, fröhlich und guter Dinge miteinander sein." Ich aber

---

[1]) Offenbar Name des Armenvogts.

sagte Sr. Fürstl. Gnaden untertänigen Dank und ging meines Weges.

Als er schließlich von Stettin abzog — denn Herzog Barnims Heimkehr verzog sich zu lange —, beschenkte ihn die Herzogin fürstlich, daß er noch eine Weile liederlich zu verzehren hatte; er blieb aber bei seinem tollen, wilden Leben, durch das er sich um alles, Land und Leute, Gesundheit und fürstlichen Wohlstand, gebracht hat. Er soff sich zu Tode, so daß er seine Gemahlin, eine geborene Herzogin von Mecklenburg, und seine Kinder in äußerster Armut zurückließ. Denn seine Gemahlin beklagte sich als Witwe nicht allein bei ihren Standesgenossen, sondern auch bei den städtischen Obrigkeiten, daß sie große Not litte. Sie wußte sich keinen Rat, wie sie ihr Söhnlein fürstlich erziehen sollte, sondern bat, ihr mit etwas zu Hilfe zu kommen und sie in ihrer Armut mit einem Almosen zu trösten, wie ihr denn auch der hiesige Rat durch ihren hierher geschickten Boten etliche Taler schickte.

Neunzehntes Kapitel.
Auf dem „geharnischten" Reichstage zu Augsburg [1]).

a) **Vom gefangenen Kurfürsten und vom gefangenen Landgrafen.**

Am 29. August 1547 ritt ich in Augsburg ein und nahm in einer öffentlichen Herberge am Weinmarkte Wohnung. Der Wirt war ein vornehmer, verständiger Mann, einer von den Zunftmeistern, in deren Hand hundert Jahre lang die Regierung der Stadt gelegen hatte. Da aber die Zunftmeister evangelisch waren und diesen Krieg wider die Kaiserliche Majestät hatten führen helfen, so entsetzte die Kaiserliche Majestät auf diesem jetzt beginnenden Reichstag die Zunftmeister des Regiments und übertrug dasselbe den Patriziern, dieweil dieselben noch der alten Religion an gehörten.

In der Herberge fand ich zwei Stuben, neben jeder eine Schlafkammer.... Die eine bestimmte ich für die pommerschen Gesandten, die andere für ihre Kanzlei....

---

[1]) Teil II, Buch 2, Kap. 1, 2, 4, 8, 9, 11; Buch 3, Kap. 8; Buch 5, Kap. 1, 2, 5, 6.

Am Ende des Heumonats ¹) kam die Kaiserliche Majestät mit dem ganzen Heere heran; den Landgrafen ließ er mit einem Haufen Spanier zu Donauwörth, den gefangenen Kurfürsten aber brachte er mit nach Augsburg und ließ ihn im Hause der Welser, das am Weinmarkt gelegen war, einquartieren, zwei Häuser von des Kaisers Palast entfernt.... Die Nebenhäuser hatte der Kaiser durchbrechen und über das dazwischen liegende kleine Gäßlein eine Brücke schlagen lassen, so daß man aus des Kaisers Wohnung in die des Kurfürsten gehen konnte. Der Kurfürst hielt seine eigene Küche, hatte auch seinen Kanzler Minkwitz und sein eigenes Gesinde, das ihm aufwartete, bei sich, so daß die Spanier in seine Stube und Schlafkammer nicht zu kommen brauchten. Der Herzog von Alba und andere große Herren am Kaiserlichen Hofe — und auch andere — sind zu ihm aus- und eingegangen und haben mit freundlichem Gespräch und allerlei Kurzweil ihm gute Gesellschaft geleistet. Im Hofe seiner Herberge, die herrlich und fürstenmäßig gebaut und eingerichtet war, hatte er einen Rennplatz, wo sie mit Stangen stachen; ihm war erlaubt, in der Stadt an Lustörter — zierliche, mit besonderer Kunst hergerichtete Gärten, deren es in Augsburg etliche gab — zu reiten, und dieweil er von Jugend auf am Fechten Freude hatte und, als er jung und beweglicher war, auf allen Turnieren gern gefochten hatte, gestattete man ihm, Fechtschulen zu halten; jedoch gingen stets spanische Soldaten vor ihm her oder folgten ihm. Auch wurde ihm fast bis zum Ende des Reichstags, als er sich weigerte, das Interim anzunehmen, nicht verwehrt, Bücher zu lesen.

In Donauwörth aber waren die Spanier beim Landgrafen tagsüber in der Stube; wenn er im Fenster lag und auf den Platz hinaussah, lagen neben ihm im Fenster auch ein oder zwei Spanier, die die Köpfe ebensoweit hinausstreckten wie der Landgraf. Tag und Nacht führten sie mit Pfeifen und Trommeln die spanische Macht auf und ab, bewaffnete Spanier lagen des Nachts bei ihm in der Kammer, und die Wachen lösten einander ab. Wenn die Ablösung mit Trommeln und Pfeifen in die Kammer kam, deckten die,

---

¹) Hier als Bezeichnung für den August gebraucht.

welche die halbe Nacht bei ihm gewacht hatten, sein Bett auf und sagten: „Seht da, wir wollen ihn euch überliefert haben, ihr mögt ihn nun weiter bewachen."

... Die Kaiserliche Majestät ließ, sobald sie zu Augsburg angekommen war, mitten in der Stadt, hart am Rathaus (dem sogenannten Berlach) zur Mehrung des Schreckens einen Galgen und dabei einen halben Galgen errichten, an dem man das Wippen mit der Chorde (siehe oben S. 104) vollzog, und dann gerade gegenüber ein Gerüst ungefähr in Höhe eines mittelgroßen Mannes bauen, auf dem man räderte, köpfte, strangulierte, vierteilte und dergleichen Arbeit verrichtete.

b) Der Aufruhr der Landsknechte.

Die deutschen Landsknechte, die als Besatzung in Augsburg lagen, waren etliche Monate lang nicht bezahlt worden, sondern es wurde ihnen gemeldet, daß das Strafgeld, das der Landgraf und die Städte hatten entrichten müssen und von dem sie hätten bezahlt werden können, zwar vorhanden gewesen, aber vom Herzog von Alba bei dem gefangenen Kurfürsten verspielt worden sei, so daß sie mit der Bezahlung sich weiter gedulden sollten. Da fielen ihrer etliche in das Quartier der Fähnriche, rissen drei Fähnlein heraus und gingen also mit aufgerichteten Fähnlein in Schlachtordnung nach dem Weinmarkt. Als nun die Fähnriche nahe dem Richtplatz (am Berlach) gekommen waren, sprang ein hochmütiger Spanier, der sich große Gnade bei der Kaiserlichen Majestät zu verdienen trachtete . . ., zu den Fähnrichen ins Glied und wollte dem einen das Fähnlein aus der Hand reißen. Den Fähnrichen folgten drei Männer mit gezogenem Degen; einer von diesen hieb diesen frechen Kerl mitten voneinander wie eine Rübe nach dem Sprichwort: „Wer sich in Gefahr begibt, kommt darin um!" Wie sie den Weinmarkt erreichten, war ein großes Rennen und Laufen von den spanischen Soldaten; sie besetzten alle Gassen, die auf den Weinmarkt gingen; der gefangene Kurfürst ward hinüber in den Palast des Kaisers geführt, weil sie besorgten, der Kurfürst möchte ihnen entrissen werden; alle Einwohner, besonders Kaufleute und Krämer, die sich für den Reichstag mit köstlicher Ware, seidenen Gewändern, silbernen und goldenen Kleinodien, Perlen und Edelsteinen reich versehen hatten, fürchteten, die Stadt könnte geplündert werden.... Deswegen war ein gewaltiges Rufen, Zusammenlaufen und Getümmel, ein jeder rüstete sich zum ernsten Kampfe; sie lagen auf ihren Häusern, in den Gemächern geharnischt, Flinten und Hakenbüchsen zum Schusse fertig, wie es jedem zum Schutze seines Eigentums gut dünkte, so daß wohl ein „geharnischter Reichstag", wie Sleidan sagt, daraus werden konnte.

Der Kaiser schickte aber zu ihnen und ließ sie fragen, was sie wollten. Die Schützen hatten ihre Rohre auf dem linken Arm liegen, mit der rechten Hand die brennende Lunte nicht weit vom Zündloch und sagten: „Entweder Geld oder Blut." Darauf ließ ihnen der Kaiser antworten, sie sollten sich zufrieden geben, den andern Tag sollten sie gewißlich bezahlt werden. Sie wollten aber nicht abziehen, ohne zuvor versichert zu sein, daß sie dafür, daß sie dem Kaiser vors Quartier gerückt wären, ungestraft bleiben würden. Das versprach ihnen der Kaiser; damit zogen sie ab und wurden den folgenden Tag bezahlt und entlassen.

Aber, was geschieht? Es wurden etliche abgefertigt, die sollten sich unvermerkt zu den Fähnleinführern gesellen, ein, zwei und drei Tagereisen weit sie begleiten und hören, ob sie der Kaiserlichen Majestät mit Schimpf und Schande gedenken würden; wo das geschehe, sollten sie Verstärkung heranziehen und sie als Gefangene wieder nach Augsburg einbringen. Den andern oder dritten Abend im Wirtshaus, nachdem sie einen fröhlichen Trunk getan hatten und nicht daran dachten, daß sie einen Verräter bei sich sitzen hatten, gedachten sie des Kaisers auf folgende Weise: „O weh ja, das sollte man Karl von Gent gestatten, Kriegsleute anzunehmen und sie dann nicht zu bezahlen." Sie wünschten dem Kaiser St. Deltens Krankheit[1]) an den Hals: „Ja wir wollten's ihn wohl lehren und ihm's recht auf den Kopf geben; Gottes Element müsse ihn schänden!" Auf diese Worte hin wurden sie ergriffen, zurück nach Augsburg geführt, an den Galgen gehängt und jedem ein kleines Fähnlein in den Latz gesteckt....

---

[1]) Fallsucht. In der Kirche des Mittelalters galt der heilige Valentin als Nothelfer in dieser Krankheit (St. Deltens Krankheit).

Gegen Abend ist der Henker mit seinem Karren gekommen, hat die Fähnleinsführer losgehauen, auf den Karren geworfen und zum Tor hinaus geführt. . . .

c) **Verhandlungen mit den kaiserlichen Räten.**

Vor Wittenberg und den ganzen Weg von Naumburg bis Augsburg habe ich mit Eifer bei den kaiserlichen Räten — etliche Male auch bei dem Bischof von Arras[1]), des Kaisers erstem Ratgeber —, wenn ich neben ihnen ritt, gebeten, von der Kaiserlichen Majestät mir für meine gnädigen Herren Fürsten von Pommern einen Kaiserlichen Geleitsbrief zu verschaffen; alsdann würden Ihre Fürstlichen Gnaden auf Begehren Sr. Kaiserlichen Majestät sich in Person einstellen oder ihre angesehensten Räte schicken. Darauf wurde nichts Gewisses versprochen; gleichwohl erhielt ich so gnädige und günstige Antwort, daß ich mir Hoffnung machte, zu erhalten, worum ich bat.

Zwischen Nürnberg und Augsburg geschah es, daß ich zweimal gegen Abend mit Lazarus von Schwendi — er war damals noch ein junger Gesell, der noch keinen Bart hatte — in eine Herberge kam, so daß wir miteinander an einem Tisch zum Nachtessen kamen; der bekannte ganz ohne Nötigung, daß er auf Befehl der Kaiserlichen Majestät bis in, ja durch die Mark Brandenburg, fast bis ans Pommerland geritten sei, um sich zu erkundigen, wie sich die Herzöge von Pommern in diesem Kriege gehalten hätten; und er hätte nicht erfahren können, daß sie sich in irgend welcher Weise wider die Kaiserliche Majestät in Bündnis eingelassen hätten; das hätte er der Kaiserlichen Majestät geschrieben und wolle es auch Sr. Majestät mit Fleiß mündlich berichten.

Aber als wir wenige Tage zu Augsburg gewesen, erhielt ich von dem Bischof von Arras, seinem Herrn Vater, dem Herrn von Granvella, der Kaiserlichen Majestät geheimstem Rate[2]), Dr. Georg Seld, dem Vizekanzler, und Dr. Johann Marquard neben wilden Blicken abschlägige Antwort

---

[1]) Antoine Perrenot von Granvella (1517—1586).
[2]) Nicolas Perrenot von Granvella (gest. 1550).

mit harten, übermütigen, bisher ungewohnten Worten („Der Bann wird gegen Deine Fürsten beschlossen werden").

Darauf schickten meine gnädigen Fürsten und Herren ihre angesehensten Räte; von dem Stettiner Hofe Joachim Podewils, Landvogt zu Stolpe, und Jakob Puttkamer, Hauptmann zu Stettin, vom Wolgastschen Hofe der Kanzler Jakob Zitzewitz, Moritz Damitz, Hauptmann zu Ukermünde, und Heinrich Norman zu Triberatz.

Diese pommerschen Gesandten ruhten in Wahrheit nicht, bei ... den Kaiserlichen Räten meiner gnädigen Fürsten und Herrn von Pommern Unschuld zu rühmen und deswegen die Kaiserliche Majestät zu bitten, sie von der Ungnade gnädig zu befreien. Es war aber alles vergeblich, und schließlich brach der Bischof von Arras ungeduldig in die Worte aus: „Wenn eure Herren nicht mehr getan hätten, denn daß sie dem hochlöblichen Kaiser zutrauen, einen unschuldigen Fürsten — wie ihr eure Fürsten zu sein rühmt — bestrafen zu wollen, so machen sie sich eines Majestätsverbrechens schuldig, und Se. Kaiserliche Majestät wäre befugt, sie zu strafen."

Kurz und gut, es half keine Entschuldigung....

Darauf besuchten die pommerschen Gesandten die anwesenden Kurfürsten und Fürsten geistlichen und weltlichen Standes, auch den polnischen Gesandten, und baten sie, bei der Kaiserlichen Majestät zugunsten der Herzöge von Pommern zu vermitteln. Täglich taten sie das, den einen Tag an des einen Fürsten Hofe, den andern Tag am Hofe eines andern; die Gesandten gingen immer zu zweit; Jakob Zitzewitz, der Kanzler, aber blieb allein, indem er vermeinte, es allein durchsetzen zu können; allein, daß er stets von Anfang bis zu Ende wiederholte, was er zuvor bei den andern Kur- und fürstlichen Räten lang und breit erzählt hatte, das war denselben verdrießlich. Denn als zwei von den andern an des Kurfürsten von Köln Hof kamen, wo Zitzewitz den Tag zuvor gewesen war, sagte der Kölnische Kanzler: „Was denkt sich euer Kanzler dabei, daß er, so oft er zu mir kommt, alles wiederholt, was er zuvor in verdrießlicher Länge bereits berichtet hat? Vermeint er, daß mein Gedächtnis so schwach ist, daß ich in drei oder vier Tagen den Stand der Angelegenheit eurer Fürsten ver=

gessen haben könnte, oder daß ich im Dienste meines gnädigen Herrn des Kurfürsten so wenig oder gar nichts zu tun habe, als seine lange, unnötige Rederei ohne Verdruß anzuhören? Mir kommt er vor, wie eine Henne; wenn die ein Ei legen will, so fliegt sie auf den Zaun und gackert: ‚ein Ei, ein Ei', vom Zaun auf das Vordach, und gackert: ‚ein Ei, ein Ei, ich lege ein Ei', vom Vordach auf den Balken: ‚ein Ei, ein Ei, Lieber, guck doch, ich lege ein Ei!' Wenn sie dann genug gegackert und viel Rühmens davon gemacht hat, so fliegt sie aufs Nest und legt ein kleines Ei. Ich halte es aber mit der Gans, die setzt sich fein still auf den Misthaufen und legt ein Ei, so groß wie ein Kinderkopf."...

Ich habe oft den Bischof von Arras, Dr. Seld, Dr. Marquard und andere Räte angesprochen und gebeten, kam aber von selbst nicht darauf, wie es jetzt, um Gunst zu gewinnen, allenthalben an den Höfen des Kaisers, des Königs, der Kurfürsten und Fürsten, bei Herren und großen Städten im Schwange geht, ... bis Dr. Johann Marquard mir unter der Hand zu verstehen gab, daß ihm ein besonderer Wunsch erfüllt würde, wenn er ein hübsches kleines Rößlein haben könnte, auf dem er, wie am Kaiserlichen Hofe gebräuchlich, zur Beratung reiten könnte. Ich schrieb darum nach Pommern, erhielt ein gar wohlgestaltetes Pferd mit dem besondern Befehl, eine dazu passende Ausrüstung zu beschaffen und es alsdann dem Herrn Doktor mit drei Portugalesern[1]) anzubieten, was denn auch der Herr Doktor, ohne sich zu weigern, gutwillig und gern annahm.

Zitzewitz und ich ließen doppelte Dukaten und rheinische Gulden zusammenschmelzen, daß es zu gutem Kronengold wurde; davon ließen wir zwei Trinkgeschirre machen, ein jedes wog 7 (lotige) Mark[2]); die wollten die Räte dem (älteren) Herrn von Granvella verehren. Einige Male war Zitzewitz mit denselben bei ihm im Quartier, aber er konnte zu Augsburg nicht die Gelegenheit abpassen, daß er sie bei ihm dort hätte anbringen können. Aber so viel Bedenken,

---

[1]) Goldmünze, genannt nach einer zuerst in Portugal unter König Emanuel (1495—1521) geschlagenen Goldmünze im Werte von 10 Dukaten.
[2]) Mark als Silbergewicht = ein halbes Pfund Silber; sie wurde geteilt in 32 Lot.

Zartgefühl und Sorge wäre nicht nötig gewesen; er wäre der Kleinodien hier ebensowenig mit Gefahr ledig geworden, wie später in den Niederlanden. Denn der Herr von Granvella hat nachmals einen großen Schatz von Silber, Gold, Geld und Geldeswert an köstlichen, teuern Waren, mit denen ihn Kurfürsten, Fürsten, Grafen und Städte in der Meinung, dadurch seiner Förderung bei Kaiserlicher Majestät zu genießen, beschenkt hatten, auf Lastwagen und starke Maulesel geladen auf seinem Heimzuge mit sich geführt, so daß er, wenn er gefragt wurde, was auf die Wagen gelegt und die Esel gehängt wäre, antwortete: „Peccata Germaniae" (die Sünden Deutschlands).

d) Das Leben auf dem Augsburger Reichstage.

Dieser Reichstag war nicht allein ein „geharnischter" Reichstag — lagen doch außer den spanischen Soldaten und deutschen Landsknechten, die der Kaiser mit nach Augsburg brachte, bereits zehn Fähnlein Landsknechte als Besatzung darin; auf dem Lande um Augsburg herum lag spanisches und italienisches Kriegsvolk; aus den Niederlanden waren 600 Reiter gekommen und aufs Land herum verteilt, zwölf Fähnlein Spanier hatten ihr Winterlager in Biberach gehalten und wurden um diese Zeit in die Landschaft am Bodensee geführt; zu Weißenburg im Nordgau lagen 700 neapolitanische Reiter im Winterlager —, sondern es war auch ein ansehnlicher, pompöser Reichstag. Denn es waren erschienen: die Kaiserliche und Königliche Majestät, alle Kurfürsten in Person und mit stattlicher Rüstung zur Stelle, der Kurfürst von Brandenburg mit seiner Gemahlin, der Kardinal von Trident, Herzog Heinrich von Braunschweig mit seinen beiden Söhnen Karl Viktor und Philipp, Markgraf Albrecht (IV. von Kulmbach), Herzog Wolfgang, der Pfalzgraf, Herzog August (von Sachsen?), Herzog Albrecht von Bayern, der Herzog (Wilhelm) von Cleve, Herr Wolfgang, der Hochmeister in Preußen, der Bischof von Eichstedt Herr Julius Pflug, der Bischof von Naumburg, der Abt von Weingarten, Frau Maria, des Kaisers Schwester, und seiner Schwester Tochter, die Witwe (des Herzogs Franz) von Lothringen, das Frauengefolge des Markgrafen, des Bayer=

fürsten und die Gesandten fremder Potentaten; von seiten des Königs von Dänemark Peter Swaventius, ein gelehrter, in vielen Gesandtschaften gebrauchter, erfahrener Mann ..., von seiten des Königs von Polen Stanislaus Lasky, ein prächtiger, viel erprobter, gelehrter, wohlberedter, wohlgestalteter, im vertraulichen Gespräch liebenswürdiger, holdseliger Mann, außerdem viele Äbte, unzählig viel Grafen, Freiherren, Reichsstädter, ansehnliche Gesandten, vortreffliche Männer; auch darf ich Michael, den Juden, nicht vergessen, der sich auch wie ein großer Herr betrug, auf der Gasse stattlich gekleidet, den Hals voll goldener Ketten, auf wohlstaffiertem Pferde einherritt, umringt von zehn bis zwölf Dienern, lauter Juden, die doch nicht anders als reisige Knechte anzusehen waren, von Person eine stattliche Erscheinung, wie man denn auch sagte, sein rechter Vater wäre ein Graf von Rheinfeld. Der Erbmarschall von Pappenheim war ein alter Herr, der nicht scharf sehen konnte; der begegnete ihm einmal auf der Gasse, zog vor ihm den Hut ab und verbeugte sich tief wie vor einem großen Herrn, wie er selbst einer war. Hernach erkannte er, daß es Michael der Jude war, und bereute die dem Juden erzeigte Ehre, indem er ihm zurief: „Daß dich Gottes Element schände, dich und alle schelmischen Juden!"

Die Herren auf dem Reichstage bankettierten, weil so viele königliche und fürstliche Damen zugegen waren, die wiederum viele fürstliche und gräfliche Fräuleins von rittermäßigem Stande bei sich hatten, gar herrlich und veranstalteten fast alle Tage und Abende welsche und deutsche Tänze. Besonders König Ferdinand war selten ohne Gäste. Die wurden stets trefflich bewirtet, dazu mit allerlei Kurzweil durch prächtige Tänze unterhalten. Auch hatte er eine überaus stattliche, wohlgeübte Musikkapelle und gute Sänger mit. Neben anderer Kurzweil hatte er einen geschwätzigen Stocknarren mitgebracht; der stand immer hinter ihm, und seinen freimütigen Reden wußte Ferdinand mit gleichem lächerlichem Gespräch zu begegnen. Gemeiniglich hatte er Königliche, Kurfürstliche und Fürstliche Personen beiderlei Geschlechts zur Gesellschaft an seinem Tische sitzen, mit denen er ohne Aufhören kurzweiliges Gespräch hielt — denn der Mund stand ihm nimmer still. Ich habe eines Abends bei ihm einen Tanz besonderer Art gesehen: ein spanischer Herr, der ein langes, bis auf die Erde reichendes Kleid anhatte, das ringsum geschlossen war, forderte ein Fräulein auf und tanzte mit ihr eine Algarda (?) oder Passionesa — wie sie es nennen —; er machte ab und zu gewaltige Sprünge, sie auch; sie wußte ihm von allen Seiten zu begegnen, daß es lustig anzusehen war, und wenn der Tanz zu Ende war, fing ein anderes Paar einen welschen Tanz an.

Dagegen hielt sein Bruder, der römische Kaiser, obgleich seine Schwester und Schwestertochter, sein Bruder und dessen Tochter, die Herzogin von Bayern[1]), alle Kurfürsten und Fürsten zugegen waren, gar kein Bankett, ja er behielt niemand bei sich; wenn sie ihm aufwarteten, ihn aus der Kirche in sein Gemach begleiteten, wo er zu speisen pflegte, gab er ihnen, einem nach dem andern, die Hand, ließ sie gehen und setzte sich allein an den Tisch, redete auch nichts; nur einmal, als er aus der Kirche in sein Gemach kam, sich umsah und Carlowitzens nicht gewahr wurde, sagte er zu Herzog Moritz: „Wo ist unser Carlowitz?" und als dieser antwortete: „Gnädigster Kaiser, er ist etwas schwach," rief er seinen Leibarzt: „Vesalius, Ihr sollt zum Carlowitz gehen, der soll etwas siech sein; seht zu, daß Ihr ihm helft!"

Ich habe ihn auf etlichen Reichstagen, zu Speier, Worms, wieder zu Speier, Augsburg, auch zu Brüssel in den Niederlanden vielmals essen sehen, wo sein Herr Bruder, König Ferdinand, auch zugegen war; aber niemals hat er den zu sich gezogen; wenn die Speisen von jungen Grafen und Fürsten aufgetragen — allemal vier Trachten zu je sechs Gerichten — und vor ihm auf den Tisch gesetzt wurden, nahm man nacheinander die Deckel von den Schüsseln; die, von denen er nicht begehrte, lehnte er durch Kopfschütteln ab; die, von denen er essen wollte, bezeichnete er durch Nicken des Kopfes und stellte sie vor sich hin. So konnte es geschehen, daß er stattliche Pasteten, Wildbret und wohlzugerichtete Speisen abtragen ließ und ein Spanferkel, einen Kalbskopf und dergleichen zurückbehielt. Nichts ließ er sich vorschneiden, brauchte auch das Messer nicht viel, sondern er schnitt soviel Stückchen Brot, so groß, als er jedesmal

---

[1]) Anna, die Gemahlin Albrechts V. von Bayern.

in den Mund stecken konnte, und von dem Gerichte, von
dem er essen wollte, löste er an der Stelle, die ihm am besten
gefiel, ein Stück mit dem Messer ab; dann brach er es mit
den Fingern auseinander, zog die Schüssel unter das Kinn
und aß so natürlich, jedoch sauber und reinlich, daß man
sein Vergnügen hatte, dabei zuzusehen. Wenn er trinken
wollte — und er trank nur dreimal während der Mahl=
zeit —, so winkte er seinen Doktoren der Medizin, die vorm
Tische standen; die gingen hin zum Tresor (Schenktisch), auf
dem zwei silberne Flaschen und ein kristallenes Glas standen,
in das etwa 1½ „Stück" (Weinmaß) ging, und gossen aus
beiden Flaschen das Glas voll. Das trank er rein aus,
daß nichts darin blieb, selbst wenn er zwei= oder mehrmals
Atem holen mußte, ehe er's vom Mund absetzte. Bei Tisch
redete er nichts. Es standen zwar Schalksnarren hinter ihm,
die allerlei Possen reißen konnten; er kehrte sich aber nicht
daran; höchstens verzog er, wenn sie etwas besonders Kurz=
weiliges sagten, den Mund zu einem halben Lächeln. Es
focht ihn auch nicht an, daß viele dastanden, welche den
Kaiser essen sehen wollten. Er hatte eine stattliche Kantorei[1]),
auch Instrumentalmusik, die sich in den Kirchen wohl hören
ließ, aber in seinem Gemach erklang sie nicht. Die Mahl=
zeit währte nicht ganz eine Stunde. Dann wurde alles
weggeräumt, Sessel und Tisch zusammengeschlagen und aus
dem Gemach getragen, daß nichts mehr als die vier Wände
blieben, die allenthalben mit köstlichen Tapeten behängt
waren. Wenn ihm das Gratias[2]) vorgebetet worden war,
reichte man ihm eine Federkiele, damit säuberte er sich die
Zähne, wusch sich und stellte sich in eine Ecke des Zimmers
nahe dem Fenster. Nun konnte jeder kommen, Bittschriften
übergeben oder mündlich berichten, dem sagte er sofort, wo
er Bescheid bekommen sollte. Ihm und nicht seinem Vater
(Ferdinand) folgte Kaiser Maximilian darin nach.

Herzog Moritz machte mit den Frauen, die im
Gefolge des Bayern waren, Bekanntschaft, hatte auch viel
Kurzweil in seiner Herberge, dem Hause eines Doktors der
Medizin. Der hatte eine erwachsene Tochter, eine schöne

---

[1]) Sängerschar.
[2]) Dankgebet nach Tisch.

Dirne, hieß Jungfrau Jakobina, mit der badete er; auch spielte er samt Markgraf Albrecht täglich mit ihr, ... und sie hielten also Haus miteinander, daß der Teufel daran seine Freude haben konnte und in der ganzen Stadt viel davon geredet wurde.

Andere Fürsten und Herren, geistlichen und weltlichen Standes, trieben's nicht besser. So habe ich mit angesehen, daß Markgraf Albrecht und andere junge Fürsten mit jungen Bischöfen, die nicht geborene Fürsten waren, soffen, mit der Armbrust schossen, wobei der eine dem andern keine Ehrentitel gab, sondern gar höhnisch sagte: „Pfaffe, schieß, was gilt's, du wirst nichts Gutes treffen"; der Bischof wiederum, wenn ihn die Not ankam, sagte: „Komm, Albrecht, wir wollen p..... gehen." Junge Fürsten legten sich wohl zu fürstlichen und gräflichen Fräuleins hohen adligen Standes im Gemach aufs Pflaster — denn man saß nicht auf Bänken oder Sesseln, sondern breitete köstliche Teppiche mitten ins Gemach, auf denen sie bequem sitzen und sich strecken konnten — und umhalsten, küßten und betasteten einander.

Es vertaten auch Fürsten und Herren mit dem vielen übermäßigen Bankettieren nicht nur, was in ihren Schatzkammern vorhanden war und sie mit sich gebracht hatten im Wert von vielen tausend Talern, sondern sie mußten auch mit großer Mühe unter unwiederbringlichem Schaden und Verdruß soviel aufnehmen, daß sie aus Augsburg gerade noch ohne Schimpf und Schande scheiden konnten. Die Untertanen etlicher Fürsten, namentlich die des Herzogs von Bayern, dessen Gemahlin die Tochter des römischen Königs war, brachten etliche tausend Gulden für Spielgeld zusammen, um sie ihren Herren zu verehren; doch ging ihnen alles im Spiel verloren.

Unsere Gesandten hielten sich still für sich, forderten zu keiner Gesellschaft auf, wurden auch von andern nicht dazu aufgefordert; nur wenn von andern fürstlichen Höfen — von Braunschweig, Bayern und Markgraf Hans — die Gesandten zu ihnen kamen, mußten sie ein übriges tun und mit ihnen fröhlich sein. Einmal hatten sie Herrn Jakob Sturm[1]) von Straßburg zu Gaste; über Tisch wurde des

---

[1]) Jakob Sturm (geb. 1489, gest. 1553) war Bürgermeister von Straßburg.

Bistums Camin gedacht; da trug er die ganze Geschichte des Stifts vor, von wem und zu welcher Zeit es gestiftet, fundiert und dotiert worden usw. usw., als hätte er es erst vor acht Tagen gehört. Seines trefflichen Gedächtnisses konnten sich die Räte nicht genug verwundern, wie er denn in Wahrheit ein vortrefflicher, erfahrener, beredter und weiser Mann war, der auf vielen Reichs-, Kreis- und andern Tagen war und vom Kaiser in hochwichtigen Sachen, trotz seiner Zugehörigkeit zur evangelischen Religion, um Rat gefragt wurde. Ohne ihn hätte Sleidan seine Geschichte zu schreiben unterlassen müssen, und er gibt das auch frei und ehrlich zu, gedenkt auch seiner an etlichen Stellen seiner Kommentarien in ehrenvoller Weise.

Einigemal hatten sie (die pommerschen Räte) Andreas Musculus und Lepusculus [1]) zu Gast, wenn auch nicht zu gleicher Zeit; und das geschah nicht um leichtfertiger Ursachen willen, denn da man bereits das Interim [2]) auf dem Amboß hatte, um es zu schmieden, gab es mit den Leuten nicht bloß lustige, sondern auch nützliche und notwendige Dinge zu bereden.

Unter den Trabanten (des Kaisers) waren feingewachsene, auf Heerzügen wohl erprobte, bescheidene und bei männiglich wohl angesehene Gesellen; sie wurden vom Kaiser wohlgekleidet, das Unterkleid war von schwarzem Samt, der Mantel mit Samt wohlverbrämt, ein spanischer Hut von Samt auf dem Kopfe. Simon Plate rühmte von seinem Bursgesellen, was für ein feiner, bescheidener Mensch das wäre; die Gesandten erlaubten ihm, ihn einmal mit an den Tisch zu bringen, er solle ihnen willkommen sein. Das geschah; er brachte ihn mit an den Tisch. Der hatte eine schöne goldene Kette über dem Samtwams hängen und zeigte sich ganz so, wie Simon Plate von ihm gerühmt hatte. Deswegen wurde er auch so behandelt, daß es Plate verdroß

---

[1]) Andreas Musculus (Meusel) war ein brandenburgischer Theologe; doch kann auch eine Verwechslung mit Wolfgang Musculus vorliegen, einem Augsburger Pfarrer, der wegen seines Eiferns wider das Interim vom Kaiser entsetzt wurde; Sebastian Lepusculus (Häslein), früher Professor in Basel, weilte von 1546—49 in Augsburg.

[2]) Erklärung, wie es der Religion halber im heiligen Reich bis zum Austrag des gemeinen Concili gehalten werden soll.

und er sagte: er wäre wohl ein bescheidener, wohlerprobter und deswegen dem Kaiser angenehmer Mensch, aber schade sei es doch, daß er nicht als Edelmann geboren sei. Nun muß ich zwar sagen, daß die Gesandten, insonderheit der Kanzler Zitzewitz, über diese Rede ihr Mißfallen nicht verhehlten. Aber ich setze die Geschichte deshalb hierher, damit meine Kinder wohl darauf achten; denn ich habe gleiche Rede von mehreren pommerschen Adligen gehört, die Weisheit, Vernunft und Verstand der Geburt zuschrieben.

Einmal jedoch tat Plate etwas Löbliches, doch war er damals noch nüchtern. Die Räte wurden von etlichen Leuten besucht, mit denen sie einen fröhlichen Trunk tun mußten. Wie die weggingen, wurde gerade von fürstlichen Personen beiderlei Geschlechtes im Quartier des Kaisers, wenn auch nicht gerade im Gemache des Kaisers — denn im Hause der Fugger am Weinmarkt wohnten auch Sr. Majestät Schwester und deren Tochter — ein Tanz gehalten. Moritz Damitz, der Hauptmann zu Ukermünde, ein gar sanguinischer, fröhlicher Mensch, wollte hin und dem fürstlichen Gepränge zusehen; die andern Räte hielten das in Anbetracht der Tatsache, daß ihre Herren mit der Kaiserlichen Majestät noch unausgesöhnt waren, für einen Unverstand und große Leichtfertigkeit, erinnerten sich auch daran, wie der Landgraf beim Fußfall zu Halle gelacht und der Kaiser ihm gesagt hatte: „Wohl, ich will dich lachen lehren", und wollten es ihm nicht gestatten. Der aber rief aus: „Meine Herren können mir wohl Geld und Gut geben, aber meine Gesundheit können sie mir nicht geben; ich liege hier fest; hier gibt es soviel zu sehen, daran man sich ergötzen kann, und man will mir's wehren, das anzuschauen? Wie kann ich gesund bleiben und lebendig wieder nach Pommern kommen?" Damit wollte er die Treppe hinunterlaufen; einer von den Räten ergriff ihn bei der goldenen Kette, die er am Halse hatte; doch zersprangen etliche Glieder derselben, daß er los kam und zum Tanze gehen konnte. Auf Bitte der andern Räte folgte ihm der gerade einmal nüchterne Simon Plate. Mittlerweile kommt Moritz Damitz mitten im Tanze auf dem Tanzsaal an. An dem einen Ende ging Hans Walter von Hirnheim, ein gewaltiger Oberst und berühmter Kriegsmann, umher, den Tänzern gegenüber aber stand ein schönes Frauenzimmer in herrlichem Schmuck. Zu der Dame tritt Damitz und redet sie mit folgenden Worten an: „Schöne Frau, wollt Ihr nicht tanzen?" Darauf antwortete sie: „Ach nein, mein Herr, wie sollte ich tanzen? Das zu tun gebührt schönen jungen Leuten; ich bin eine alte Frau." Darauf Damitz: „Ihr seid eine Frau? Ich meinte, Ihr wäret eine Jungfer; wenn mir's hier erlaubt wäre zu tanzen und ich von allen die Schönste mir nehmen könnte, so wollte ich wahrhaftig Euch nehmen." Jene erwiderte: „Ach, Herr, Ihr spottet meiner!" Damitz: „Wie heißt Euer Mann?" Jene: „Hans Walter von Hirnheim." Jener: „Hans Walter, den kenne ich wohl." Indessen ging Hans Walter auf und ab spazieren, sah sauer aus, weil er nicht wußte, was er aus dem Mann und seiner Unterhaltung mit seiner Frau machen sollte. „Habt ihr auch Kinder miteinander?" fragte Damitz; jene antwortete: „Nein, Gott bessere es." Jener: „Wenn ich ein so schönes Weib hätte, da traute ich meinen Kräften wohl soviel zu; ich würde unsern Herrgott zu Hilfe nehmen, und dann wollten wir wohl miteinander Kinder gewinnen." Wie er so tief in die Naturgeschichte kam, dünkte es Simon Plate Zeit, ihn von der Frau fortzuziehen und mit sich nach unserer Herberge zu nehmen....

(Kap. 1—7 des 3. Buches des II. Teiles enthalten die Akten des Augsburger Reichstags.)

e) Die Geschichte von Sebastian Vogels=
berger.

Sebastian Vogelsbergers Geschichte ist von Sleidan un= vollkommen und falsch berichtet worden; ich habe dabei= gestanden, als er gerichtet wurde, habe alles, was geschah, mit angesehen und aus Vogelsbergers Munde wörtlich und mit Gewissenhaftigkeit verzeichnet, was er geredet hat; danach will ich die Geschichte Vogelbergers genau und wahr= haftig erzählen.

Vogelsberger war von Person ein ansehnlicher, starker, nach Länge und Dicke wohlproportionierter, schöner Mann; er hatte einen Kopf, rund wie eine Kugel, einen lang herab= wallenden Bart, ein freies Angesicht; ich wüßte nicht, ob ein Maler einen ansehnlicheren Mann malen könnte. Er hatte ziemlich viel gelernt und war, wie man sagte, in Italien Schulmeister gewesen. Als er sein Schulmeisteramt aufgegeben hatte, wurde er des Grafen Wilhelm von Fürstenberg ... Musterungsschreiber, darauf Fähnrich und hielt sich auf allen Feldzügen gut. Denn er war hochgemut, anschlägig und beredt, so daß er mit Leichtigkeit eine Hauptmannsstelle erlangte; ja er wurde von hohen Potentaten als Oberster weit lieber als der Graf Wilhelm von Fürstenberg gebraucht.

Das verdroß den Grafen sehr, denn er meinte auch, daß die kriegerischen Eigenschaften dem Adel angeboren seien und ihm vorbehalten bleiben müßten; er griff also Vogelsberger mit beleidigenden Worten an; der blieb hinter dem Grafen nicht zurück, so daß beide wider einander Schmähschriften im Druck ausgehen ließen, womit der Graf den Anfang gemacht haben soll.

Graf Wilhelm fand bei allen Grafen Beistand, da sie meinten, daß der gräfliche Stand angegriffen, beleidigt und geschwächt worden sei. Nun war Sebastian Vogelsberger nicht allein ein berühmter Kriegsmann, sondern auch ein Bekenner der evangelischen Religion. Deswegen waren ihm die protestierenden Stände nicht wenig gewogen, und alles, was papistisch, war ihm erzfeindlich gesinnt.

Wie er nun sah, daß die Schmähschriften nichts nutzten und, um sich mit Gewalt zu rächen, der Graf ihm überlegen war ... verklagte er ihn wegen Beleidigung beim Kaiserlichen Kammergericht. Da wurde nach langem Disputieren ... erkannt, daß Vogelsberger unrecht geschehen sei; deswegen wurde gegen Graf Wilhelm auf 400 Gulden Strafe erkannt; das nahm sich nicht allein sein Bruder, Friedrich von Fürstenberg, sondern der ganze Grafenstand mit an.

Da mögen nun meine Kinder drei Hauptursachen erkennen: nämlich Religion, Kriegsgebrauch, Erfahrenheit, Mut, Unerschrockenheit, Mannhaftigkeit und Beständigkeit und dazu aller Grafen und Papisten Feindschaft. Dazu kommen zwei unmittelbare Gründe, der eine, daß er im vorigen Jahre ein Regiment Landsknechte nach Frankreich geführt hatte, der andere, daß er zu Weißenburg am Rhein, einer Reichsstadt, ein ansehnliches Haus von zugehauenen

Steinen besaß, auf das er vorn über die Tür das französische Wappen, drei Lilien, gar ansehnlich groß und prächtig in Stein gehauen, gesetzt hatte.

Da nun seine Feinde, die Papisten und alle Grafen, die dem Kaiser in diesem Kriege wider die Protestanten und evangelischen Stände getreulich gedient hatten, sich's leicht denken konnten, daß es um der Religion willen abermals zu ernstem Streiten kommen werde, aber doch auch fürchteten, daß ihnen dieser Kriegsmann viel zu schaffen machen würde, so dürstete ihnen nach Vogelsbergers Blute, wie den Hirsch im Sommer nach frischem Wasser. Und damit sie Gelegenheit dazu bekämen, nutzten sie die beiden unmittelbaren Gründe bei der Kaiserlichen Majestät ganz besonders aus und setzten es durch, daß zwei Doktoren des Rechts, der eine ein Welscher, der andere ein Deutscher, Männer ihres Schlags, zu Urteilssprechern bestellt wurden. Die säumten nicht lange, den herrlichen Mann zum Tode zu verurteilen, und das blutige Urteil wurde auch sofort ausgeführt.

Denn den 7. Februar (1548), nach 8 Uhr vormittags wurde ein Fähnlein Knechte aus unserer Frauen Vorstadt und bald nachher zwei Fähnlein Knechte aus St. Jakobs-Vorstadt um die Gerichtsbrücke (siehe oben S. 137) aufgestellt; aus diesen nahm ein welscher Schultheiß oder Befehlshaber — man nannte ihn damals magister de campo, auf deutsch Feldmarschall — etwa 30 Hakenschützen mit sich, holte Sebastian Vogelsberger aus dem Gefängnis der Stadt mit Pfeifen und Trommeln und führte ihn zum Hochgericht. Er hatte ein schwarzsamtenes Kleid an und einen welschen, mit Seide gestickten Hut auf dem Kopfe. Wie er nun von dort aus im Kreis nicht weit von den drei Fähnrichen den Grafen Reinhart v. Solms ... und Herrn Konrad v. Boineburg erblickte, kümmerte er sich um den Grafen, der ein leidenschaftlicher Papist und von wegen des Grafen Wilhelm von Fürstenberg sein Todfeind war, nicht im geringsten, sondern wendete sich an Herrn Konrad von Boineburg und sagte: „Herr Konrad, ist mir nicht zu helfen?" Als der antwortete: „Mein Bastian, helfe Euch unser Herrgott!" sagte Vogelsberger: „Der wird mir auch helfen" und ging becken Mutes und erhobenen Hauptes ... das Gerüst hinauf.

Auf dem Gerüste sah er mit Fleiß umher, denn alle

Fenster und Giebel des Rathauses und aller andern Gebäude lagen voll von ansehnlichen Herren, und da er in den Fenstern des Rathauses kurfürstliche und fürstliche Personen geistlichen und weltlichen Standes, auch Grafen, Freiherren und Edelleute gewahr wurde, redete er zu ihnen und allen Umstehenden mit lauter männlicher Sprache, nicht anders, als stände er frei unter dem hellen Haufen: „Hochwürdigste, Durchlauchtigste, Hochwürdige, Durchlauchtige, Hochgeborene Kurfürsten und Fürsten, Ehrwürdige, Wohlgeborene, Gestrenge, Ehrsame und Weise, Gnädigste, Gnädige, Günstige Herren und Freunde. Dieweil ich an diesem Tage" — in diesem Augenblicke rief der welsche Befehlshaber ... dem Nachrichter zu, er solle ihm keine Zeit geben weiterzureden, sondern ausführen, was ihm befohlen wäre; der Nachrichter aber sagte zu Vogelsberger: „Herr, ich will Euch nicht übereilen, redet nur so lange und so viel ihr wollt!" — „auf Befehl Kaiserlicher Majestät unseres allergnädigsten Herrn sterben soll und muß, so will ich die Ursache meines Todes kundtun. In der Tat, es gibt keine andere Ursache, denn daß ich im vergangenen Sommer dem löblichen Könige von Frankreich[1]) zu seiner Krönung zehn Fähnlein Knechte zugeführt habe. Sonst habe ich in zehn Jahren niemals wider Kaiserliche Majestät Dienste getan, und ich bitte, Ihr wollet meiner in meiner Unschuld nicht im Argen, sondern im Besten gedenken, Euch auch meines unschuldigen Todes erbarmen und es die Meinen nicht entgelten, sondern ihnen das, was ich durch meinen Dienst mir erworben habe, ausfolgen lassen. Denn ich habe mein lebelang nicht anders gehandelt, als einem ehrlichen Manne geziemt, ich bin aber von Lazarus Schwendi, diesem erzverzweifelten Bösewicht — Lazarus von Schwendi lag gegenüber dem Gerüst im Fenster, hatte den Kopf aus dem Fenster gesteckt, zog ihn aber bei diesen Worten schnell ins Gemach zurück — auf die Fleischbank geliefert worden. Der ist zu mir nach Weißenburg in meine Behausung gekommen und hat mir angezeigt, er hätte der Kaiserlichen Majestät einen spanischen Herrn erschlagen und wäre deshalb in Ungnade bei Sr. Majestät gefallen; auch mir lauerten die Spanier auf, mich zu greifen;

---

[1]) Heinrich II.

wenn es mir nun gefiele, wolle er mich nach Frankreich in Sicherheit bringen.

Darauf habe ich ihm auf seine Bitte 200 Kronen geliehen und dazu — als Dank für seine Warnung — einen Gaul geschenkt; er aber hat mich gleich als ein Verräter unter die Spanier geführt. Ob ich ihn wohl in meiner Gefangenschaft bat, er möchte mir, meiner Not abzuhelfen, etliche von den geliehenen Kronen zustellen, so habe ich's doch nicht von ihm erlangen können. Vor diesem verzweifelten Erzdieb und Bösewicht Lazarus von Schwendi wolle sich ein jeder hüten und keine Gemeinschaft mit ihm haben. Er hat auch den Durchlauchtigsten, hochberühmten Kurfürsten von der Pfalz bei Kaiserlicher Majestät verklagt, als wenn er sich mit dem Könige von Frankreich verbunden hätte. Wer ihm das beimißt, der tut ihm Gewalt und Unrecht an, und ich will des hochberühmten Kurfürsten Unschuld mit diesem meinem Tode bezeugen.

Man hat mir auf meine Bitte keinen Prädikanten oder Beichtvater vergönnen wollen, was sonst doch andern nicht abgeschlagen wird; aber ich will unschuldig und als ein frommer Christ sterben und weiß, daß Jesus Christus mich durch sein Leiden und Sterben vom ewigen Tod erlöst hat."

Nunmehr ging er umher und bat einen jeden um Verzeihung, wie er denn auch einem jeden gern vergeben wollte, und befahl damit dem Allmächtigen seine Sache. Dann setzte er sich nieder, der Nachrichter teilte ihm den langen Bart voneinander und schürzte ihn oben auf dem Kopf zusammen, bat ihn um Verzeihung, mahnte ihn, ein „Vater unser" und den „Glauben" zu beten, und schlug ihm sein Haupt dermaßen ab, daß es von dem Gerüst wie eine Kugel auf die Erde rollte und hinunterlief; darauf trug er den Kopf bei dem langen Bart wieder hinauf, legte ihn dem Körper zwischen die Beine und spreitete einen Mantel darüber; doch wurden die Füße von dem Mantel nicht ganz bedeckt.

(Nach Vogelsberger wurden noch zwei andere, Jakob Mantel und Wolf Thomas von Heilbrunn, in gleicher Weise hingerichtet.)

Nachdem dies alles geschehen war, rief der Nachrichter von der Gerichtsstätte mit lauter Stimme, daß es Kaiserlicher Majestät ernstlicher Befehl wäre, daß keiner dem Könige von Frankreich dienen oder zuzieħen sollte, denn wer dawider handle und dabei betreten würde, den wolle Se. Majestät strafen oħne Gnade, wie den dreien geschehen wäre. . . .

Diese Rede des Nachrichters soll den König von Frank= reich gar sehr verdrossen haben, daß er deswegen dem Marquis von Saluzzo, als er von der Kaiserlichen Majestät Urlaub erhielt heimzuzieħen, auflauern ließ, iħn auch in seine Hand bekam und iħm in gleicher Weise den Kopf vor die Füße legen ließ.

(Im 4. Buche des II. Teiles berichtet Sastrow unter Ein= flechtung zaħlreicher Aktenstücke über die Verhandlungen des Tridentiner Konzils; da sie zu einer Vereinigung in Sachen des Glaubens nicht führen konnten, weil die Protestanten, die zu dem Konzil nicht geladen waren, es als ein f r e i e s Konzil nicht an= erkannten, so suchte der Kaiser durch das A u g s b u r g e r J n t e r i m die Rückkehr der Protestanten unter den Glaubenszwang der Katholischen Kirche vorzubereiten.)

f) D a s A u g s b u r g e r J n t e r i m.

Dieweil wider alle Hoffnung und Zuversicht der Papst sich weigerte, ein freies, christliches, unparteiisches Konzil zu Trient zu halten . . . so verglich sich auf diesem Reichstage die Kaiserliche Majestät mit den Reichsständen dahin, daß sie gemeinschaftlich zur Beratung und Herstellung der Ord= nung etliche taugliche, geschickte, erfahrene, gottesfürchtige Personen in kleiner Zaħl bestellen wollten, die voll christ= lichen Eifers zur Förderung der Eħre und des Dienstes Gottes geneigt seien, in gemeiner deutscher Nation Friede, Ruhe und Einigung herzustellen (folgen die Namen). Diese Personen haben am Freitag, den 11. Februar, zu verhandeln begonnen, konnten aber, wie leicht zu ermessen, sich nicht vergleichen, noch das Werk zu gutem Ende bringen. Damals haben die Herren des geistlichen Standes auf dem Reichstag ausgemacht, daß der Bischof von Naumburg, Herr Julius Pflug, weiter der Weiħbischof zu Mainz (Michael Helding) und des Kurfürsten von Brandenburg Hofprediger (Joħann Agricola), der gern Bischof zu Camin gewesen wäre, das Buch „Interim" zusammentragen und der Kaiserlichen Majestät darbringen sollten. . . . Das geschaħ durch den Kurfürsten von Brandenburg, der das Interim nicht allein überreichte, sondern auch demselben nachzukommen gehorsamst gelobte.

Als nun alles durch allerlei Praktiken¹) genugsam ausgearbeitet, die papistischen Stände des Reichs — von Papst, Kaiser und König informiert — in ihrer Meinung gestärkt und deswegen frech, keck, hoffärtig und unverschämt geworden waren; unterwarfen sich die „Konfessionisten"²), sowohl die von hohem Stande wie viele der Gelehrten, kleinmütig und nachgiebig, manche auch um ihres Nutzens willen und um Gnade und Gunst bei Kaiserlicher und Königlicher Majestät, dem Papst und dem großen Haufen zu erlangen, gehorsamst dem Interim, und so wurde denn die Glocke des ganzen Werks gegossen, poliert und so fertig gemacht, daß man mit ihr an allen Seiten läuten, sie ohne Gefahr ziehen und treten konnte. . . .

Darauf ließ der Kaiser alle anwesenden Stände des Reichs und die Gesandten der abwesenden am 15. Mai (1548), gegen 4 Uhr nachmittags, zusammenrufen und verkündigte das Interim. Nachdem es öffentlich verlesen worden war, ließ er durch den Vizekanzler Dr. Seld fordern, daß die, so der alten Kirche Gebräuche und Satzungen festgehalten hätten, dabei bleiben . . ., die andern aber, so die Religion erneuert hätten, entweder den andern Ständen beitreten und einen Glauben mit ihnen bekennen oder aber ihre Lehre nach dem Inhalt des verlesenen Buches einrichten, auch mit Predigen nicht dawider handeln und die Beschlüsse des Konzils in Gehorsam erwarten sollten.

Da stand der Erzbischof und Kurfürst zu Mainz als des Römischen Reichs Erzkanzler in Germanien auf und sagte dem Kaiser, ohne vorhergegangene Zustimmung und Unterredung mit andern Reichsständen, für seine Mühe und Arbeit großen Dank. . . . Die Kaiserliche Majestät nahm diese Danksagung für eine allgemeine Anerkennung an und befahl, das Buch lateinisch und deutsch im Druck auszufertigen. . . .

(Unmittelbar an die Publikation schlossen sich die Maßregeln zur Ausführung des Interims; zahlreiche Geistliche, die sich widersetzten, nach dem Interim zu verfahren, mußten ihre Ämter niederlegen.)

¹) Der Kaiser hatte von allen Seiten Gutachten eingefordert.
²) D. h. die Bekenner der Augsburger Konfession.

... Bei dem gefangenen Kurfürsten von Sachsen ließ die Kaiserliche Majestät durch den Herrn von Granvella und seinen Sohn, den Bischof von Arras, mit Fleiß und oftmals darauf drängen, daß er die Lehre des Interims annehme, indem man ihm Hoffnung machte, daß er seines Gefängnisses ledig werden würde. Er blieb aber beständig bei der Lehre, wie sie in der Augsburger Konfession enthalten ist; deswegen wurden ihm seine Bücher genommen, und es wurde ihm verboten, an den Fasttagen Fleisch zu essen. Auch sein Prediger, den er bis zu dieser Zeit mit Erlaubnis des Kaisers bei sich behalten hatte, ging in Verkleidung heimlich davon.

Der Landgraf aber, an den die gleiche Zumutung gestellt wurde, wollte nicht weiser sein als die heiligen Väter, die die Heilige Schrift besser verstanden als er. Deshalb hielt er das Buch (Interim) für recht und wollte bewirken, daß es von seinen Untertanen gehalten würde, und den Kaiser bat er um Christus und aller Heiligen willen, die Ungnade fallen zu lassen und ihn freizugeben. ...

Als nun die Kaiserliche Majestät nach Beendigung des Reichstags von Augsburg nach den Niederlanden zog, mußte ich dem Kaiserlichen Hofe folgen. Da habe ich gesehen, wie man zu Ulm, wo der Kaiser etliche Tage blieb, haushielt. Er setzte den Rat ab und einen neuen ein, der dem Kaiser in allen Dingen zugetan war, auch das Interim annahm, mit den Predigern hart reden ließ und die, welche sich nicht bereden ließen ... als Gefangene mit sich hinwegführte. ...

Zu Speier hielt sich der Kaiser etliche Tage auf. Es gab dort einen evangelischen Prediger im Barfüßerkloster, dessen Prior er war, wie denn alle Brüder des Klosters gut evangelisch waren; doch blieben sie in ihrem mönchischen Gewand, wie ich denn den Prior vier ganze Jahre lang alle Sonntage in seiner Mönchskutte auf der Kanzel habe stehen und auf der Gasse unter den Bürgern gehen sehen; wenn er predigte, hatte er die Kirche bis unter die Türen voller Zuhörer; er sprach aber weder vom Papst, noch von Luther ... und war ein gelehrter, reiner und hochbegabter Lehrer der evangelischen Religion. Kurz bevor die Kaiserliche Majestät ankam, ließ er sich aus den Mönchskleidern weltliche Kleider machen und entwich. Ebenso machte es der Wormser Prediger, wie denn auch die evangelischen Prediger in den umliegenden Reichsstädten entwichen.... In Landau gab es evangelische Prediger, feine und gelehrte Männer, denn Landau, in heiterer Gegend gelegen, hat köstlichen Weinwuchs bis ans Tor und auch sonst gute Schnabelweide. Als aber der Kaiser vom Augsburger Reichstag hinunterzog und nach Speier kam, mußten die evangelischen Prediger weichen, und an ihre Stelle wurden papistische Prediger, junge, ungelehrte, schlimme Kerle, gottlose, unverschämte papistische Buben gesetzt. Als ich einst zu Landau den Sonntag über stille lag, ging ich in die Kirche, sah die papistische Messe halten und hörte einen jungen Bengel unverschämt also predigen: „Die Lutherischen wollen nicht, daß man die Mutter Gottes Maria oder andere heilige Gottes anbeten soll. Hört, meine Freunde, ich will euch eine wahrhaftige Geschichte erzählen. Es starb einer; wie er verschieden war, kam seine Seele vor den Himmel. St. Peter schloß vor ihm die Tür zu, wollte ihn in den Himmel nicht einlassen. Maria, die Mutter Gottes, ging mit ihrem lieben Sohn vor dem Himmel spazieren; die redet dieser an, beklagt sich darüber, daß St. Peter ihm den Eintritt verweigert hat, erinnert die heiligste Jungfrau Maria daran, wie er sie auf Erden geehrt, wieviel Rosenkränze, Paternoster und Ave Maria er gebetet, wieviel Wachslichter er vor ihrem Bild aufgesteckt und verbrannt hätte. ‚Ja, es ist wahr, mein lieber Sohn,‘ spricht Maria zum Herrn Christo. Als nun darauf der Herr sagte: ‚Hast du nicht gehört oder gelesen, daß ich die Tür, der Weg und die Wahrheit bin für die, so in den Himmel kommen wollen?‘ antwortet Maria: ‚Bist du die Tür, so bin ich das Fenster,‘ nimmt die Seele (!) beim Kopfe und wirft sie durchs Fenster in den Himmel. Was war ihr nun daran gelegen, ob sie durch die Tür oder durchs Fenster hineinkam? Wie können denn die lutherischen Buben sagen, daß man die Jungfrau Maria nicht anbeten soll?" Was konnte gottloser und unverschämter sein als solche Predigt an dieser Stätte des Lichts, wo das Wort Gottes rein und unverfälscht etliche Jahre gepredigt und gelehrt worden war....

(Des II. Teiles 6. Buch enthält die Geschichte der Verhandlungen zwischen dem Kaiser und den Gesandten des polnischen Königs sowie dem Hochmeister des deutschen Ordens über Preußen, das 7. Buch die Verhandlungen über die Herstellung des Friedens mit Soliman; das 8. Buch die urkundliche Geschichte der über die Freilassung des Landgrafen Philipp gepflogenen Verhandlungen; im 9. Buch nimmt Sastrow die Erzählung sener eigenen Geschichte wieder auf.)

Zwanzigstes Kapitel.

Abreise von Augsburg und Heimreise[1]).

Ich war zu Augsburg gerade ein Jahr und bin nur einmal nach München geritten, um die Stadt zu besehen, die ja auch sehenswert ist.

Wie der Reichstag seinem Ende entgegenging, kaufte ich einen Klepper, auf dem gedachte ich dem Kaiserlichen Hofe zu folgen. Heinrich Normann, ein sehr träger, schwerblütiger Mann, schlummerte so hin von einem Tage zum andern, ohne sich nach einem geeigneten Pferde umzusehen, bis der Kaiser aufbrechen wollte. Damals waren die Pferde gar sehr begehrt; wer ein gutes Kleid hatte machen lassen, um es auf dem Reichstag zu tragen, verkaufte es um das halbe Geld und sah sich nach einem Pferde um, das er kaufen könnte. Da nun Normann kein geeignetes Pferd bekommen konnte, nahm er mir meinen Klepper weg, den ich wegen der bevorstehenden Reise hatte ruhen lassen und gut gefüttert hatte.... Ich war übel damit zufrieden, aber was konnte ich tun? Ich mußte auf dem großen Frachtwagen ... fahren bis nach Speier — soweit sollte ich ihm das Pferd lassen.

Als ich nun Ende August nach Speier kam, fand ich Normann nicht dort; er kam auch nicht dorthin, so lange der Kaiser dort lag, und ich erfuhr, daß er ins Zeller Bad geritten war, um dort zu baden.... So fuhr ich auf dem Rollwagen nach Worms und Oppenheim, von dort den Rhein hinunter zu Wasser bis nach Mainz. Zu Mainz ... setzte ich mich in einen Nachen und fuhr den Rhein hinunter bis nach Köln.

In Köln kam ich am 10. September an; den andern

---

[1]) Teil II, Buch 9, Kap. 5—7, 9.

Tag tat ich mich um, einen guten Klepper zu kaufen. . . .
Auf der Gasse begegnete mir Heinrich Normann; ich mußte
also meine andere Gesellschaft, auch die Herberge, in die ich
gezogen war, verlassen und mich in seine Herberge begeben.
Der stand bereits um eines guten Pferdes willen, das ihm
gefiel, in Unterhandlung, kaufte es auch. Also waren wir
alle beide beritten, hatten aber gar keinen Diener bei uns;
ein jeder wartete seines Pferdes, so weit es über die von
den Hausknechten geübte Wartung hinaus nötig war.

Am 12. September folgten wir von Köln nach den
Niederlanden dem Kaiser, der zu Wasser den Rhein hinab=
fuhr, und als wir den nächsten Tag auf zwei große Land=
straßen, von denen die eine nach Maastricht, die andere nach
Aachen führte, kamen, waren wir nicht einig, welchen Weg
wir reiten wollten. . . . Als wir nun so auf der Wegscheide
still hielten und beide Wege entlang sahen, . . . fiel uns . . .
das prudens consilium (der kluge Rat) ein, den Pferden die
Zügel auf den Kopf zu legen und ihnen die Sporen zu
geben; welchen Weg sie dann gingen, den wollten wir
reiten. Also geschah es; sie gingen den Weg, den wir auch
ohnedem gern reiten wollten . . . nach Aachen.

In Aachen fanden wir eine große altfränkische Stadt,
die in unfruchtbarer Gegend gelegen ist; der Boden umher
besteht aus Steinkohlen und Leyen= oder Schiefergestein;
vor der Erbauung der Stadt ist's wohl eine rechte Wildnis
gewesen. Es befindet sich dort ein treffliches, wohlgebautes,
warmes Bad, in gehauene Steine gefaßt, drei Abstufungen
übereinander, daß man so tief (bis unter das Kinn) oder
so flach, wie man will, darin sitzen kann, viereckig, ungefähr
14 Schuh breit. . . . Das Rathaus daselbst ist Karls des
Großen Schloß, in dem auch sein Zeughaus war; darin
liegen noch in verschlossenen Schränken viele hunderttausend,
also unzählig viele fertige Pfeile, vorn mit scharfen Eisen
beschlagen, wie man sie zu den Flitzbogen gebraucht hat.
In der Kirche ist ein schönes elfenbeinernes Gestühl, kunst=
reich gemacht und mit Gold geziert; es steht vorn im Tor
in Mannshöhe von der Erde; am andern Ende der Kirche,
im Westen, hängt eine große, runde, etwa 12 Schuh weite
Krone, ich weiß nicht aus was für Stoff gefertigt, mit Gold
verziert und farbig angestrichen. An Heiltümern haben sie

„Josephs Hosen"; die werden nur zu einer bestimmten Zeit und sonst nicht gezeigt; wer sie alsdann sieht, erlangt Vergebung seiner Sünden. Nachdem wir, so schnell wir konnten, daselbst unsere Sachen ausgerichtet hatten, ritten wir über Herzogenbusch und Löwen nach Brüssel in Brabant, wo wir den 24. September ankamen.

In Brüssel bekamen wir aus Pommern ein Schreiben, nach dessen Inhalt ich nach Hause kommen sollte, da man mich als Sollizitator an das Kaiserliche Kammergericht abfertigen wollte.

Demnach machte ich mich auf Dionysius' Tag (9. Oktober) allein auf eine so weite, über hundert Meilen lange Reise, die mich auf rauhen, ungebahnten Wegen durch Westfalen, mit seinen oft ganz verdächtigen Herbergen führte. Als ich den Weg noch nicht zur Hälfte zurückgelegt hatte, war mein Pferd ... so steif geworden, daß ich mit ihm nicht mehr fortkommen konnte, sondern es gegen ein anderes — einen wahren Hund — vertauschen mußte, mit dem ich scheußlich betrogen wurde, aber was sollte ich tun? Ich mußte mich mit ihm behelfen, so gut ich konnte.

Auf Allerheiligen (1. November) kam ich nach Hause (Wolgast) und ... habe daselbst und nachher zu Stettin über alle Dinge Bericht erstattet.

Einundzwanzigstes Kapitel.

Als Sollizitator beim Kaiserlichen Kammergericht zu Speier. — Reise nach den Niederlanden[1]).

a) Reise nach Speier und Basel.

(Nachdem Sastrow durch Urkunde vom 4. Dezember 1548 zum Sollizitator beim Kammergericht von seinen Landesherren ernannt worden war, nahm er abermals von Eltern, Brüdern und Schwestern Abschied und machte sich, von Herzog Philipp mit einem guten und starken Pferde ausgerüstet, auf die Reise nach Süddeutschland.)

Um den Leipziger Markt — damit wir gerade zur Messe nach Leipzig kämen — brachen wir — mein Bruder Karsten

---

[1]) Teil I, Buch 10, Kap. 2, 4, 5, 7, 9, 11; Buch 11, Kap. 1, 3.

gab mir das Geleit — von Stralsund auf. Ich hatte einen kleinen Mantelsack hinter mir auf dem Pferde liegen, wie die Postboten zu reiten pflegen. Uns begegnete unterwegs nichts Widerwärtiges, nur im Lande Meißen verfehlten wir den rechten Weg. Der Weg, den wir ritten, führte uns durch einen großen Wald in ein Dorf, den Wohnsitz eines armen Edelmanns. Es begann finster zu werden, so daß wir uns nicht getrauten, weiterzureiten; wir ritten also vor den Edelhof. Dort fanden wir eine junge Witwe, deren Junker vor wenigen Wochen verstorben war, und des Verstorbenen Mutter, ein altes böses Weib. Die gab uns eine grobe und harte Antwort: wir sollten ziehen, wohin wir wollten, sie wolle uns nicht beherbergen. Die Junge aber sagte: „Wir sind auf Gäste nicht eingerichtet und halten keine Herberge; aber es ist Nacht; ihr habt noch weit bis zu andern Leuten; wollt ihr mit meiner geringen Bewirtung zufrieden sein, so will ich euch gern erlauben, die Nacht über zu bleiben." Da fing das alte Weib an zu fluchen, zu schelten und zu schimpfen: „Daß dich dieses und jenes schände, hast du jetzt deine rechten Buhler bekommen? Ja, du hast meinen Sohn schon lange vergessen." Ich wollte sie begütigen, indem ich sagte: ich wäre nie hier gewesen; da wir uns verritten hätten, sei der Abend hereingekommen; am Tage wollten wir uns schon wieder zurechtfinden; sie sollte mit uns zufrieden sein; man würde kein unzüchtiges Wort, auch keinerlei Ungebühr von uns erfahren; auch wollten wir mit dem, was man uns reichen und auftragen würde, zufrieden sein, wenn wir nur für die Pferde Hafer, Heu und Stroh haben könnten, und alles doppelt bezahlen. Aber bei dem alten Weibe half alles nichts; sie blieb dabei, daß wir die Buhler der jungen Frau wären, sonst wären wir in der Nacht nicht an einen Ort gekommen, wohin sonst fremde Leute nicht zu kommen pflegten. Die Junge trug es mit Geduld, gab uns Stroh und Heu, und als wir die Pferde etwas bestellt hatten, führte sie uns in einen Speicher, der nicht besonders ausgestattet war; wir sahen auch keine Knechte und Mägde, gleichwohl war die Bewirtung in Essen und Trinken reichlich genug, sie trug auf, was sie hatte, setzte sich zu uns, leistete uns Gesellschaft, klagte, welch schweres Leben sie bei ihres Mannes Mutter hätte, und wies uns schließlich Betten mit sauberen Tüchern an. Darauf rechneten wir mit ihr ab, gaben ihr mehr, als sie forderte, und ritten, als es Tag wurde, unsere Straße.

In Leipzig blieb ich zwei Tage, ließ mein Pferd ruhen und gab meinem Bruder soviel Zehrgeld, als er zur Rückreise brauchte. Ich ritt allein; der Weg bis Frankfurt war mir bekannt. Als ich nach Butzbach kam, hätte ich auf Freiburg reiten sollen; ich ritt aber durch Niederweißel, wo die Johanniter-Komturei ist, den Weg hinauf nach dem Hunsrück, welchen Weg ich mit meinem Herrn, dem Komtur, manches liebe Mal nach Frankfurt geritten war, denn er ist näher als der über Freiburg.... Wie ich hinauf an den Wald kam, traten zwei Reiter hervor, hielten still und warteten, bis ich zu ihnen hinauf kam, dann teilten sie sich, so daß ich zwischen ihnen hindurchreiten mußte. Als sie mich nun zwischen sich hatten, setzten sie mich mit harten Worten zur Rede: „Woher Landsmann?" Ich sagte: „Aus dem Lande Pommern." — „Was hast du im Mantelsack?" — „Briefe." — „Wo willst du hin?" — „Nach Speier." — „Wem bist du untertan?" — „Den Herzögen zu Pommern; da habt ihr meinen Paßbrief." Da fragte der eine: „Wie geht es meinem gnädigen Herrn, Herzog Philipp, dem frommen Herrn? Ich habe Se. Fürstl. Gnaden zu Heidelberg gar wohl gekannt." Als ich ihnen darauf richtigen Bescheid gegeben hatte, sagten sie: „So reite hin!" Sie hielten noch eine Weile und sahen mir nach.

In Frankfurt verkaufte ich mein Pferd mit seiner Ausrüstung und fuhr den Main hinunter nach Mainz, von da den Rhein hinauf bis Oppenheim und von dort mit dem Rollwagen nach Worms und Speier.

Am 21. Januar (1549) kam ich in Speier an und mietete bei einem Tuchscherer, der auch ein Ratsherr war, Stube und Kammer, ging auch bei ihm zu Tisch, denn er hatte einen ganzen Tisch voll junger Doktoren und ansehnlicher Leute, die teils als Sollizitatoren, teils um die Praxis allein kennen zu lernen, in Speier wohnten.

Doktor Simon Engelhart, meines Vaters Prokurator (siehe oben S. 62) ... war mit Weib, Kindern und Gesinde nach Landau gezogen.... Ich bin oftmals — so lange bis in meines Vaters Sache ein Beschluß erging — dahin gegangen; mit Torschluß ging ich aus Speier, die Nacht über lief ich, daß ich bei Aufschließung des Tors in Landau sein konnte; den Morgen bis gegen Mittag richtete ich meine Sachen beim Doktor aus und ging den Nachmittag wieder nach Speier....

So (d. h. indem er auch für andere als Sollizitator tätig war) wurde ich auch je länger je mehr mit den Prokuratoren bekannt.... Das gab dann viel Geld, so daß ich mich ohne Zuschuß meiner Eltern in Speier wohl erhalten und zugleich mich in dem üben konnte, was mir nachher in meiner Haushaltung zur Ernährung von Weib und Kindern nützlich war. Denn ich habe mich mit keinem andern Geschäft abgegeben als mit der Schreiberei, ein Handwerk, das, sofern es ordentlich gelernt und recht und gebührlich betrieben wird, keinen in Armut leben läßt. Schreiber ist wohl ein verächtlicher Name, ich aber habe manchen Leckerbissen und manchen guten Trunk trotz des verächtlichen Namens bekommen und genossen.

Ich schrieb von Speier aus dem Herrn Sebastian Münster[1]), daß meine gnädigen Fürsten und Herren, die Herzöge von Pommern (Stettin), ihn dringlich ersuchten, mit dem Druck seiner ausgezeichneten Kosmographie nicht zu eilen, denn Ihre Fürstl. Gnaden ständen in voller Arbeit, ihm eine genaue Schilderung des Pommerlandes, die seine Kosmographie nicht wenig zieren würde, mit eigenem Boten zuzuschicken, sobald man nur damit fertig sei. Darauf hat er sich entschuldigt, daß er unmöglich warten könne. Denn der Drucker habe sich mit dem Drucke so angestrengt und werde in Armut fallen, wenn er's nicht auf der bevorstehenden Fastenmesse zu Frankfurt zum Verkauf bringen würde.

Um mich nun mit Herrn Sebastian Münster mündlich zu unterreden ... machte ich mich, da um diese Zeit beim Kammergericht Ferien waren und ich den an Wein und

---

[1]) S. Münster, geb. 1489 in Ingelheim, lehrte seit 1524 in der Universität Heidelberg Theologie und Hebräisch, später in Basel auch Mathematik; er starb am 23. Mai 1552. Seine Cosmographia universa erlebte 24 Auflagen; auch gab er die erste hebräische Bibel in Deutschland heraus.

Korn fruchtbaren, durch viele schöngebaute Städte, Schlösser, Flecken und Märkte weitberühmten Elsaß, auch die Stadt Basel gern in Augenschein nehmen wollte, zu Fuß auf den Weg. In Straßburg nahm mich mein guter Bekannter, Dr. Daniel Capito, in sein Haus auf; wir aßen aber stets in der Bürgermeisterstube und erhielten von dem Bürgermeister auch die Erlaubnis, auf den Kirchturm zu steigen. Zwischen Straßburg und Basel sah ich das Land fruchtbar und mit vielen Städten bebaut und geziert.... In Basel... wurde ich mit Herrn Sebastian Münster gut bekannt; er bezeigte mir in Wahrheit viel guten, freundlichen Willen, führte mich in seinem Hause in ein stattliches Gemach, wo er in großer Zahl kunstreiche, in Italien, Gallien, Germanien gegossene, geschnittene, auch in Kupfer gegrabene Formen vieler Karten, auch mathematische, astronomische und astrologische Instrumente, wie solche, die man in den Bergwerken gebraucht, mir zeigte, nicht minder die Abbildungen von Ländern, Städten, Schlössern, Klöstern usw., wie man sie in seiner Ausgabe der Kosmographie sieht. Ja, er wollte mich als Gast in sein Haus nehmen und mich herumführen, damit ich noch allerlei in Basel sehe. Da ich aber nicht länger von Speier wegbleiben konnte, nahm ich von ihm Abschied und begab mich auf meinen „Apostelpferden" (siehe oben S. 85) wieder hinab nach Speier.

b) Reise nach den Niederlanden.

Im Mai schrieben mir die Räte von Brüssel, daß ich ihnen die beiden goldenen Geschirre (siehe oben S. 141) hinunterbringen sollte. Denn allgemein ging die Rede, daß Se. Majestät der Kaiser seinen Sohn aus Spanien unter Entfaltung von großer Pracht zu sich nach den Niederlanden kommen ließe. Den Unsrigen aber hatte man große Hoffnung gemacht, daß durch ihn, wofern uns nur einige der vornehmsten Räte etwas gewogen wären, unsere Herren desto leichter mit der Kaiserlichen Majestät ausgesöhnt werden könnten. Das habe ich getan; ich fuhr den ganzen Rhein hinunter bis zur Maas, die von Maastricht hinunterfließt, und zog von da über Land nach Herzogenbusch, Löwen und Brüssel; ich glaube, daß es von Speier bis nach Brüssel nicht unter 70 Meilen ist. Nach Überreichung der goldenen Kleinodien blieb ich einige Tage in Brüssel und begab mich dann, um mich mit allem Nötigen zu versehen, nach Gent, das etwa 10 Brabanter Meilen von Brüssel entfernt ist. Gent ist eine große Stadt, die früher ansehnliche Privilegien hatte: so durfte unter anderm der Kaiser von den andern Städten und Ständen in Flandern keine Schatzung oder sonst etwas fordern ohne Erlaubnis von Gent. Aber Kaiser Karl hat den Gentern die Privilegien genommen, hat einen Platz der Stadt, auf dem ein Kloster und viele Häuser standen, durch Abbruch der Gebäude freigelegt und darauf ein festes, mit breiten und tiefen Wassergräben und anderm trefflich befestigtes Schloß angelegt, von dem aus er die ganze Stadt in Gehorsam halten, auch sonst verteidigen und beschirmen kann. Mitten in der Stadt steht ein hoher Kirchturm, von dem aus man über die Stadt sehen kann; auf den bin ich gestiegen, wie denn auch der Kaiser mit seinem Bruder Ferdinand dort hinaufstieg, als er sehen wollte, an welcher Stelle am besten das Schloß erbaut werden könnte. Das Schloß, in dem Kaiser Karl V. geboren ward, ist ein unansehnlicher alter Kasten. . . .

Von Gent sind es 10 Brabanter Meilen bis nach Antwerpen. Dahin bin ich auch gegangen, fand daselbst Herrn Heinrich Buchau, der damals noch nicht Stralsunder Ratsherr war, und weil wir von dem eine Meile von Antwerpen entfernten Hause des Kaspar Duitz viel gehört hatten . . . erlangten wir von ihm, daß er uns ein Schreiben an seinen Verwalter mitgab, das ihn anwies, uns alle Gemächer zu zeigen. Wir haben es denn auch nicht anders gefunden, als das Gerücht sagte. Der Gemächer sind viele, und jedes findet man anders ausgeschmückt als das andere. In jedem stand ein „Kautz" (Sofa, Sänfte) oder Faulbett, dessen Farbe die gleiche war wie für Gardinen und Tapeten, das eine war mit schwarzem, das andere mit rotem, das dritte mit veilchenfarbigem Samt, das vierte, fünfte und sechste mit Damast in verschiedenen Farben ausgestattet. In jedem Gemach stand ein Tisch, darauf eine Tischdecke von ebenderselben Farbe wie das Gemach. In einem jeden waren auch musikalische Instrumente, doch in jedem andere. In dem einen stand eine „Positiv-Symphonie" (Standorgel, Harmonium), in einem andern polnische Geigen, im dritten

Pfeifen, im vierten Lauten, Harfen und Zithern, im fünften Zinken, Schalmeien und Posaunen, im sechsten Block= und Schweizer Pfeifen. Eine Jungfrau führte uns durch die Gemächer, die konnte auf der Orgel, Laute und den Geigen schulgerecht spielen. Hart am Hause war ein schöner Garten, in dem allerlei einheimische und fremde Kräuter erbaut wurden, und dann etwas weiter davon ein Tiergarten mit allerlei Wild darin. Über dem Tore war ein so schönes Gemach, daß wohl ein Fürst darin hätte bewirtet werden können. Hier soll denn auch Frau Maria, des Kaisers Schwester, denselben einst als Gast empfangen haben, und als er das Haus und seine Einrichtungen beschaut hatte, soll er gefragt haben: „Wohl, liebe Schwester, wem gehört dieses Haus?" Als sie darauf geantwortet: „Unserm Schatz= meister..." soll der Kaiser gesagt haben: „Wohl, das heiße ich sein Geld gut anlegen."

Dieser Kaspar Duitz war von Geburt ein Italiener, ein verschmitzter, hinterlistiger Kaufmann zu Antwerpen, der großen Handel trieb. Zwei=, wo nicht dreimal machte er Bankrott; wenn er viele tausend Gulden beisammen hatte, erbat er sich eine Zahlungsfrist von fünf Jahren aus und erlangte von Frau Maria einen Brief, der ihm Aufschub gewährte. Mit solcher Schelmerei brachte er viel Geld zu= sammen. Wenn Frau Maria Geld brauchte, ließ sie der Schatzmeister nicht darben. In Antwerpen baute er sich ein Haus, das viele tausend Gulden kostete; wie es fertig war, war es nicht überall nach seinem Sinn — weil man die Fehler an einem Gebäude meist nicht eher sieht, als bis es fertig ist; da ließ er es bis auf den Grund wieder abbrechen und baute ein anderes nach seinem Geschmack.

Graf Maximilian von Büren, der im Schmalkaldischen Kriege dem in Ingolstadt liegenden Kaiser die nieder= ländischen Reiter zuführte, ... lud sich in Kaspar Duitzens Hause von Antwerpen einmal zu Gaste. Kaspar bewirtete den Grafen, nachdem er ihm alles gezeigt hatte, herrlich in dem Gemach über dem Tor. Als nun der Graf wieder abziehen und aufsitzen wollte, fragte ihn Kaspar, ob Se. Gnaden auch irgendeinen Mangel empfunden hätte, er sei bereit, ihm alles zur Stelle zu schaffen, was zu Schmuck und Belustigung diene, und sollte er es aus Venedig oder Rom holen laſſen. Da ſoll der Graf mit „Nein" geantwortet haben; nur einen Mangel habe er gefühlt und das ſei, daß vor dem Tore nicht ein Galgen ſtünde und Kaſpar Duitz daran hinge. So bezahlte er ihm die Mahlzeit....

Von Antwerpen ging ich nach Mecheln, das 4 Brabanter Meilen von Antwerpen und ebenſo weit von Brüſſel und Löwen entfernt iſt.... Mecheln iſt eine ſchöne Stadt, doch nicht ſo groß, wie eine der drei andern; das Waſſer iſt durch Menſchenhand bis an die Stadt herangeführt, ſo daß man von dort nach Antwerpen zu Schiff gelangen kann. Ich habe in Mecheln noch den großen Brandſchaden geſehen, den der Blitz anrichtete, als er am 7. Auguſt 1546 in den Pulverturm ſchlug, wodurch die Stadtmauer, in der der Turm ſtand, mit dem Turm aus dem Grunde geriſſen, große Stücke weit in die Stadt hinein auf die Häuſer geworfen wurden und großer Schaden an Häuſern und Leuten verurſacht wurde....

Von da ging ich nach Löwen und von Löwen den nächſten Weg durch das Land von Jülich nach Köln. Im Rheinſchiff fuhr ich dann den Rhein hinauf nach Mainz, von dort auf dem Rollwagen nach Speier.

c) König Philipp.

Im Juni (1549) kam in Speier König Philipp, des Kaiſers Sohn, mit vielen großen Herren an, damals 22 Jahre alt, alſo 7 Jahre jünger als ich.... Ihm hatte der Kaiſer den Kardinal von Trient, einen Herrn von Madrutz, zum Marſchall zugeordnet, einen ſtattlichen, ſchöngewachſenen Herrn. Die Geſichtszüge des Prinzen zeigten deutlich an, daß Scharfſinn bei ihm nicht ſonderlich vorhanden war und er's ſeinem Herrn Vater ſchwerlich nachtun würde. Der Kurfürſt von Heidelberg und andere Pfalzgrafen, wie auch die geiſtlichen Kurfürſten kamen mit anſehnlichem Gepränge dahin und warteten ihm beim Gang zur Kirche wie von der Kirche auf. Sein Herr Vater, Kaiſer Karl, kam, wenn Kur- und andere Fürſten ihm aufwarteten, von ſeinem Gemach herunter, ſetzte ſich vor der Treppe auf ſein Pferd, und wenn die Kurfürſten und Fürſten, die auf dem Hofe hielten, herzuritten, war er wohl der erſte, der ſein Haupt vor ihnen entblößte; regnete es, ſo ließ er ſich den Regen auf das

entblößte Haupt fallen. Mit freundlicher Gebärde oder
gnädigem Angesichte reichte er einem jeden die Hand. Ingleichen, wenn sie ihn aus der Kirche bis an die Treppe
begleiteten, wandte er sich mit dem Gaule um, nahm sein
Hütlein ab, gab einem jeden die Hand und entließ sie freund=
lich und gnädig. Aber König Philipp ließ die aufwartenden
Kurfürsten und Fürsten, ungeachtet, daß darunter einige
alte Herren waren, fleißig aufwarten und Gefolgschaft leisten.
Wenn sie sämtlich vor der Kirche von ihren Gäulen stiegen,
sah er sich nach ihnen nicht einmal um, sondern blickte stracks
vor sich und winkte ihnen höchstens vom Rücken her mit
beiden Händen, daß sie neben ihm gehen sollten; sie blieben
aber hinter ihm. Wenn dann das Meßamt beendigt war
und sie wieder aufsaßen, folgten sie ihm in seine Pfalz bis
an die Treppe; dort stieg er vom Gaul, ging die Stiege
hinauf und ließ sie stehen ohne irgendeine Bezeigung von
Freundlichkeit oder Gnade. Der Kardinal von Trient, als
ihm beigeordneter Marschall oder Hofmeister, hatte ihm
klarzumachen versucht, daß ein großer Unterschied bestehe
zwischen spanischen Granden oder Kurfürsten und Fürsten
deutscher Nation, und ihm seines Vaters Beispiel vor=
gehalten, wie der sich gegen Kurfürsten und Fürsten bezeige.
Dem hat er geantwortet: es bestände auch ein großer Unter=
schied zwischen ihm und seinem Herrn Vater; denn der wäre
nur eines Königs, er aber des Kaisers Sohn. Als nun die
deutschen Kurfürsten und Fürsten ihren guten Willen be=
zeigt hatten, zog ein jeder ab nach seinem Lande; er aber
blieb noch etliche Tage zu Speier, ritt fast alle Tage auf die
Jagd oder spazieren ... bis der Kaiser den Herzog von
Arschat mit einem ansehnlichen reisigen Zuge nach Speier
schickte, der ihn hinunter nach Brüssel führte....

d) Rheinisches Fastnachttreiben.

Es ist zu Speier und da umher am Rheinstrom, wo
nur eine Gesellschaft beieinander ist, Sitte, daß sie zu Neu=
jahr oder am Dreikönigstag einen „königlichen Hof" ein=
richten und, je nachdem sie die Personen in der Gesellschaft
haben, die Ämter bestellen: König, Marschall, Kanzler, Hof=
meister, Schenk, Truchseß usw. Der Narr muß natürlich
auch dabei sein. Für jedes Amt setzen sie die Beiträge fest,

die jeder zu den Kosten des „Königreichs" geben muß, damit es stattlich gehalten werden könne. Nur der Narr ist frei, und die Ämter teilen sie durchs Los aus; was das Glück einem gibt, mit dem nimmt er fürlieb. In diesem Jahre (1550) hatten wir in unserer Gesellschaft einen jungen niederländischen Freiherrn, der war lustig von Gemüt und ein rechtes Weltkind, und auch sonst ansehnliche Personen vom Kaiserlichen Kammergericht verkehrten an unserm Tisch. Mir fiel das Königliche Amt, dem Freiherrn das des Marschalls, dem Pfaffen, unserm Wirt, das Narrenamt zu; das paßte so natürlich zu ihm, als wäre er von Natur ein Narr oder von Jugend auf an närrisches Treiben ge= wöhnt gewesen[1]). Ich als König mußte ihm eine Narren= kappe oder eine Kutte von englischem Tuche aus allerlei Farbe machen lassen. Wenn wir — was auf Veranlassung des wilden Freiherrn oft geschah — Gäste an unsern Tisch bekamen, so zog er (der Narr) seine Kutte über den Kopf und stolperte auf ihn los, daß wir alle genug zu lachen hatten. Er litt dabei keinen Schaden, denn mit seinen närrischen Zoten brachte er einen jeden dazu, daß sie ihm die Kutte mit irgend etwas verzieren mußten, mit Batzen, Regalen, ganzen und halben Talern, ja mit Goldgulden und Kronen.... An den Sonntagabenden zwischen Dreikönigstag und Fasten werden die „Königreiche" gehalten. Eins folgt dem andern auf dem Fuße, so daß man in dieser Zeit alle Sonntage zwei oder drei Königreiche abhält. Die werden von andern Manns= und Frauenspersonen besucht, die sich vermummen und verkleiden, daß man sie nicht kennt. Drei Tänze haben sie frei, denn sie haben Spielleute mit sich; sie tanzen mit den Angehörigen des Königreichs und die wiederum mit ihnen; es kommt dabei freilich auch zu mancherlei Unzucht. So kam einmal ein Mann in einem solchen Königreiche, nachdem er mit seiner Frau den ersten

---

[1]) Diesen Pfaffen charakterisiert Sastrow an einer andern Stelle als einen wilden, frechen Menschen, der besser einen Hofmann oder Landsknecht abgegeben hätte, einen Karten= und Brettspieler, Säufer und Possenreißer, der seinen Kumpanen geistlichen Standes die bei der Frühmesse eingegangenen Gelder im Spiele abgewann und dann, nachdem sie sich am Kreuze gerauft hatten, als der Stärkste mit dem ganzen Gelde abging (Teil II, Buch 11, Kap. 4).

Tanz getanzt hatte, beim zweiten Tanz mit einer andern Frau zusammen, während seine Frau mit einem andern Manne tanzte. Den dritten Tanz tanzten beide Eheleute, freilich ohne es zu wissen, wieder miteinander, darauf gingen sie miteinander aus dem einen Königreich in das andere, scherzten miteinander, daß ihnen beiderseits deuchte, bei dem andern Teil sei guter Wille vorhanden. Als sie an den Markt kamen, trennten sie sich von der Gesellschaft und waren ganz nach Wunsch guter Dinge miteinander, so daß eines dem andern gegenüber rühmte, mit dem Gatten (der Gattin) sei es nie so hübsch gewesen. Der Mann wollte gleichwohl gern wissen, was für eine Genossin er gehabt habe, er schnitt ihr also ein Stücklein aus dem Rocke und schenkte ihr ein Goldstück; darauf gingen sie miteinander in ein anderes Königreich zu ihrer Gesellschaft. Den andern Tag kam einer und kaufte Felle ein, denn der Mann der Frau war ein Riemenschneider. Da er nun dem Käufer Geld herausgeben sollte, sagte er zu seiner Frau: „Hast du kein kleines Geld?" Gleichzeitig greift er in ihre Geldtasche und findet darin das Goldstück und erkennt darin dasselbe, das er ihr in der vorigen Nacht gegeben hatte. Als der Kaufmann weggegangen war, mußte die Frau ihren Rock holen, den sie zur Nacht angehabt; er bringt das Stücklein Stoff hervor, das er aus dem Rock geschnitten hatte, und fand, daß es gerade dahinein gehörte. So ward offenbar, wie sie einander zu Willen gewesen waren, und hatte doch keiner dem andern etwas vorzuwerfen. Unsere Königreiche hielten wir um des Narren willen, damit er um so reicher seine Kutte besteckt bekomme. In der Fastnacht hatte man von dem Narren artige Possen zu erleiden. Der Marschall wußte sein Amt trefflich zu führen; er stand vor dem Könige und wartete ihm fleißig auf mit Auftragen, Vorschneiden, Kniebeugen, Handküssen. Der König mußte aber die Ehre, die man ihm drei oder vier Stunden bezeigte, teuer genug bezahlen.

Zweiundzwanzigstes Kapitel.

Sastrow legt sein Amt als Sollizitator nieder und begründet seinen Hausstand [1]).

Am Stettiner Hofe hörten sie nicht auf, mich bei dem Herzog zu verdächtigen, daß ich nachlässig Sr. Fürstl. Gnaden Sachen versäumte, so daß Doktor Auktor Schwallenberger abgefertigt wurde, nach Speier zu reisen, um, was ich versäumt, wieder zurecht zu bringen.

Ich hatte mich aber bereits entschlossen, mich von der pommerschen Sollizitation am Kammergericht freizumachen, und deswegen meinen Dienst für künftigen Dezember meinen beiden gnädigen Herren aufgekündigt, auch die Begründung für mein Gesuch dem Wolgaster Kanzler Jakob Zitzewitz geschrieben....

Auf die Aufkündigung meines Sollizitationsamtes erhielt ich zustimmenden Bescheid von Jakob Zitzewitz und danach auch von meinen beiden gnädigen Herren, wie man mir denn das Bad zu Stettin dermaßen zugerichtet hatte, daß ich leicht die Entlassung aus meinem Dienst zu gewärtigen hatte. Ich bin aber der festen Überzeugung, daß meine Verunglimpfung und die daraus erfolgende Ungnade meiner gnädigen Herren eine besonders gnädige Maßregel meines gnädigen Gottes war, die mir zum Heil und Besten gereichen sollte; denn ich wäre sonst ein Höfling geworden und geblieben....

So aber hat mich der liebe Gott durch die bübischen Praktiken am Hofe des Hoflebens überdrüssig machen wollen und mir alsbald einen Weg gezeigt zu einer guten Gelegenheit, meinen Ehestand in einer Stadt zu begründen, darin ich mich wohlbefinden, leben und nach seinem Willen auch sterben soll. Deswegen habe ich in die von meiner Schwester, des Herrn Peter Frubose, Bürgermeisters zu Greifswald, Hausfrau, vorgeschlagene Eheabrede mit ihres Mannes Schwester eingewilligt und ihr geschrieben, alles so vorzubereiten, daß wir noch vor Fastnacht unser eheliches Beilager halten könnten. Darauf kaufte ich mir einen

---
[1]) Teil II, Buch 12, Kap. 1, 2; Buch 13, Kap. 1; Teil III, Buch 1, Kap. 1—5, 7.

jungen, wohlgebauten, grauen Klepper, den ein aus Pommern kommender Kammerbote mit sich gebracht hatte, mit Sattel und Zaumzeug, und nachdem ich bei Advokaten, Prokuratoren und andern Leuten alles in Ordnung gebracht und mich gebührlich verabschiedet hatte, sagte ich dem Kammergericht zu Speier, das ich übersatt hatte, Valet ... am 3. Dezember des Jahres 1550.

Im Jahre des Herrn 1551, in meinem 30. Lebensjahre, am 1. Januar gegen Abend ritt ich in Greifswald ein. Ich ließ die Nachricht an meinen Vater nach Stralsund schriftlich gelangen und versicherte mich seiner Zustimmung. Darauf beredete ich in Greifswald mit meinen nächsten Verwandten, auch mit den Eltern meiner Braut alles Nötige und verständigte mich mit ihnen. Nunmehr ließen wir beiderseits um Zuschlag bitten; darauf wurde mir am 5. Januar des Morgens um 8 Uhr meine Braut durch ihren Vater Matthäus Frubose im Beichthause der grauen Mönche in Gegenwart von Bürgermeister, Ratsherren und vielen ansehnlichen Bürgern zugeschlagen. ...

Ein ehrbarer Rat hatte, da die Tänze bei den Hochzeiten mit dem unverschämtem Walzen mit Frauen und Jungfrauen allzusehr ausgeartet waren, verordnet, daß derjenige, welcher sich's nach dem Verbot unterstehen würde, also zu tanzen, vor den „Lübischen Baum" (das Niedergericht) gefordert und ohne Ansehen der Person bestraft werden sollte. Nun wurde acht Tage nach meiner Verlobung eine vornehme Hochzeit abgehalten und meine Braut und ich auch dazu geladen. Nach dem Essen wurde mir meine Braut zugeführt, damit ich mit ihr tanzte; ohne Kenntnis von dem Gebot des Ehrbaren Rates drehte ich mich mit ihr einigemal im Tanz, jedoch in aller Ehrbarkeit. Am andern Tage schon wurde ich durch den Fron (Büttel) vor den Lübischen Baum gefordert. Über solche Grobheit, Inhumanität und Unhöflichkeit habe ich mich nicht genug verwundern können; ja ich faßte es als eine Vorbedeutung großen Unglücks und bevorstehender Verfolgung, daß man mich in meinem Vaterlande, in dem ich mich in acht Jahren nicht so lange aufgehalten hatte, als nötig war, ein Stück Brot zu essen, durch den Henker empfangen ließ und willkommen hieß, weil ich bei der Hochzeit in Unkenntnis ihres Gebots mit meiner eigenen Braut in durchaus züchtiger Weise herumgesprungen war.... Im Gram darüber ging ich zum ältesten Bürgermeister, Herrn Peter Gruwel, und trug ihm die Sache mit Hinweis auf die besonderen Umstände vor. Der sagte mir zur Entschuldigung, daß ein ehrbarer Rat, da das „Herumwerfen" von den Studenten und andern gar zu grob getrieben worden sei, nicht umhin gekonnt habe, es durch harte Mandate und unnachsichtige Durchführung des Verbots abzuschaffen, womit jedoch weder ich noch mein Tanzen gemeint sei. Ich brauchte also nicht vor das Gericht zu kommen, denn er werde Vorkehrung treffen, daß ich nicht sollte vorgefordert werden.

Der 2. Februar ward bestimmt zum ehelichen Beilager. Ich forderte keinen Brautschatz, fragte auch nicht, wie hoch er sein sollte; meine Schwester aber sagte mir ungefragt, daß meiner Braut Vater mir 200 Gulden geben werde. Ich sagte weder ja noch nein dazu, sondern meinte, wenn ich nur ein Weib hätte, dann wäre es genug; mein Schwager sagte mir, daß ich ein Jahr mit 100 Mark haushalten könnte....

Ich ritt nach Stralsund, um mich für meine Hochzeit zu kleiden und mir zu verschaffen, was sonst nötig war.

Mein Vater hatte schon einige Jahre einen hübschen Marderpelz zum besten Rocke daliegen; das Tuch dazu, wie meine andern Kleider, mußte ich mir selbst verschaffen....

Ich bat meine Freunde in Stralsund, deren ich ziemlich viel, teils durch das Blut, teils durch Verschwägerung verwandt, besaß, fleißig zu meiner Hochzeit; es kam aber keiner außer Johann Gottschalk, meinem Schulkamerad, der auch zu Wolgast in der Kanzlei mit mir gewesen; der beschenkte mich mit einem Lübischen Goldgulden, den ich als einzigen nach meiner Hochzeit übrig behielt.

Im Jahre 1551 am Montag, den 2. Februar, war in Greifswald meine Hochzeit; am Nachmittag ging ich altem Brauche gemäß auf den Stein.

Und dieweil ich fast der letzte Bräutigam gewesen bin, der auf den Stein ging, so achte ich es für nicht unangebracht, den Brauch zu beschreiben, wie es dabei gehalten wurde.

Nachmittags nach 3 Uhr, wenn auf den Abend die Hochzeit beginnen sollte, versammelten sich die Geladenen, welche dem Bräutigam Beistand leisten wollten, bei ihm und gingen nach dem Markte nach der Seite der Schuhstraße, der Bräutigam zwischen den Bürgermeistern oder, wenn die nicht zugegen waren, zwischen den Vornehmsten, die der Handlung beiwohnten. In der Tür auf der Schwelle des Hauses an der Ecke der Schuhstraße lag ein vierkantiger Stein; auf den stieg der Bräutigam allein hinauf, alle andern blieben ungefähr 50 Schritt zurück in der Ordnung, wie sie gingen. Da stand nun der Bräutigam ganz allein, und die Spielleute mit ihren Pfeifern spielten ihm auf etwa ein paar Paternoster lang. Alsdann stieg der Bräutigam zwischen den beiden Bürgermeistern oder denen, zwischen denen er vorher gegangen war, herunter, und darauf gingen sie sämtlich nach dem Hause, darin die Hochzeit gehalten werden sollte. Dort wurden Braut und Bräutigam zusammengegeben. Man sagt, daß der Bräutigam sich deswegen allein auf den Stein ohne irgendeinen Beistand habe stellen müssen, damit, wer gegen die Eheschließung Einspruch erheben wollte, es vorher tun könnte.... Es ist aber nicht lange nach meiner Hochzeit der Stein ganz abgeschafft worden....

Acht Tage nach der Hochzeit ... ritt ich nach Verabredung nach Stettin und hatte infolge des großen Wassers eine gar böse und gefährliche Reise. Der Teufel ließ sich's gleich im Anfange meines Ehestandes durch die Tat ansehen und merken, daß er mit der Aufgabe des Hofdienstes, in dem ich ihm hätte dienen können, sehr unzufrieden war und mir feindlich zusetzen wollte. Dagegen aber hat sein Meister, mein Schöpfer und Erlöser, durch die Tat bewiesen, daß er dem Teufel wehren und mich erretten wollte. Den Winter über war viel Schnee gefallen, darauf war plötzlich Tauwetter mit stetigem warmen Regen eingefallen, so daß die Gewässer allenthalben austraten. So war denn auch der Teich vor der Mühle in der Heide, einen Viertelsweg von Ukermünde, etwa in der Breite dieser Stadt so stark über das Ufer getreten, daß er in die Landstraße große Löcher und Kaulen (Gruben) gerissen und den Landweg mit sich fortgeschwemmt hatte. Leute von Wolgast, die nach Stettin fahren wollten, hatten u. a. eine Lade bei sich im Wagen, die mit versiegelten Briefen, Registern u. a. pergamentenen und papierenen Schriften gefüllt war; als sie den frisch hergestellten Landweg vor sich sahen, fuhren sie fein dreist zu; ehe sie sich dessen versahen, stürzten die Gäule in die tiefe Kaule hinein und der Wagen flugs nach, daß beinahe Pferde und Leute ersoffen wären; sie quälten sich lange, ehe sie wieder herauskommen konnten. Über Nacht blieben sie in Ukermünde, um die Briefe zu trocknen und vor dem Derderben zu schützen.

Am halben Nachmittag kam auch ich an die Stelle; ich hielt die richtige Landstraße inne, sah die frische Wagenspur derer von Wolgast vor mir und ritt frisch und geradezu weiter. Zu meinem Glück stand in der Nähe auf der Seite des Wassers nach der Mühle zu ein Mühlenknecht, der warnte mich, weiterzureiten, und zeigte mir einen Weg, die linke Seite des Wassers hinunter, zu einem großen Dorf. Das hatte einen langen Knüppeldamm mit einer Brücke, unter der das Wasser hinweglief; dort mußte ich durch, sonst konnte ich nicht hinüberkommen. Ich folgte seinem Rate. Als ich in das Dorf kam, begann es Abend zu werden; gleichwohl wollte ich fort. Ich begab mich auf den Damm; der war so überschwemmt, daß das Wasser dem Pferde bis an den Bauch reichte, und das Wasser strömte so heftig, daß ich schwerlich das Pferd auf dem Damme, der nach beiden Seiten tief abfiel und moorig war, hätte halten können; wenn es daneben trat, deuchte es ihm selbst gefährlich zu sein; es zappelte und wehrte sich, bis es wieder auf dem Damme war. Schließlich kam ich hinüber, und in Ukermünde traf ich, als es fast finster war, mit den Wolgastern in der Herberge zusammen. Die und der Wirt konnten sich gar nicht genug wundern, wie ich hatte hinüberkommen können.

(In Stettin erhielt Sastrow als Lohn für seine Dienste vom Herzog Barnim 25 Gulden, in Wolgast verehrte man ihm 25 Taler; zur Hochzeit schickten ihm die Wolgaster vier Rehe und ein Wildschwein; in Stettin hatte man die gleiche Hochzeitsgabe für ihn beschlossen, vergaß dann aber, sie abzusenden.)

Ich vertat aber mit meiner Hochzeit, meinen Kleidern und was sonst dazu gehörte, alles, was ich verdient hatte, wie auch das, was mir von beiden Herzögen u. a. verehrt wurde, so daß ich nach der Hochzeit nicht mehr als einen lübischen Goldgulden, der zwei Gulden Kurrent gilt, übrig behielt (siehe oben S. 173). Ich kam in ein Mietshaus zu wohnen, darin es nackt und bloß aussah, so daß mein Weib nicht einen Kessel vorfand, in dem sie, wenn sie waschen wollte, Lauge heiß machen konnte, sondern einen Topf dazu nehmen mußte. Ich hatte kein Amt, auch sonst keinen Erwerb, bekam keinen Brautschatz, weder von meinem noch von meines Weibes Vater.

Solch einen armen, trostlosen, traurigen Anfang hatte mein Ehestand. Gleichwohl hat unser Herrgott mich in solchem Stande nunmehr 46 Jahre reichlich versorgt, so daß ich neben dem Unterhalt für mich und die Meinen und der Aussteuer meiner Kinder . . . ein eigenes Haus mit reichlicher Ausstattung und soviel Kapital auf Zins ausgetan besitze, daß ich von den Zinsen ohne Zuschuß vom Kapital wohl leben und mit gutem Rechte 46 Jahre her täglich sagen kann: „heut bin ich reicher, als ich gestern war", und doch keinen andern Modus des Gelderwerbs gebraucht habe, denn meine Schreiberei, wofür ich und meine Erben unserm Herrgott nie vollkommen danken können.

Schlußbemerkung.

Nachdem Sastrow einige Jahre hindurch als Prokurator und Notar mit steigendem Ansehen tätig gewesen war, wurde ihm Ende des Jahres 1554 die Stelle eines Stadtschreibers in Greifswald angeboten; doch kam es zu keinerlei fester Abmachung, obgleich ihn der Rat monatelang mit den Arbeiten betraute, die dem Stadtschreiber oblagen. Die Angelegenheit war noch nicht in Ordnung gebracht, als der Rat von Stralsund Sastrow mit einem Jahrgehalt von 80 Gulden — einer Besoldung, wie sie noch nie zuvor ein Stadtschreiber von Greifswald bezogen hatte — das Stadtschreiberamt antrug (1555). Zur Entscheidung blieb ihm nur ein Tag Bedenkzeit, und sie wurde ihm nicht leicht gemacht. Denn die Frau und ihre Verwandten wünschten sein Verbleiben in Greifswald und bestürmten ihn mit Tränen und mit Geldanerbietungen, das Angebot abzulehnen. Aber in raschem Entschlusse stellte er dem Rate von Greifswald die Wahl, ihn mit gleicher Besoldung anzustellen oder seiner Dienste zu entlassen. Der Rat wählte das letztere; ohne erst nach seinem Hause zurückzukehren, vor dessen Tür die Frau und ihre Verwandten standen, setzte er sich auf sein bereitstehendes Pferd und ritt nach Stralsund (29. November 1555). In der neuen Heimat gelangte er schnell zu Ansehen und Einfluß. Im Jahre 1562 wählte man ihn in den Rat, im Januar 1578 zum Bürgermeister, ein Amt, das er bis an seinen Tod bekleidete. Die Gattin starb ihm am 9. Januar 1598; schon im Februar verheiratete er sich zum andern Male, und zwar mit der Dienstmagd seines Hauses Anna Haseneier, die seine Frau Tag und Nacht in ihrer Krankheit gepflegt, ihr vorgelesen hatte, von ehrlichen Eltern abstammte und „gottesfürchtig, züchtig und mit sonderlichen Gaben geziert" war. Am 27. Februar 1598 fand in seinem Hause die Trauung statt. Fünf Jahre später — am 7. Februar 1603 — starb er mit Hinterlassung zweier verheirateter Töchter erster Ehe, während sein Sohn Johannes Sastrow schon 1593, ohne Kinder zu hinterlassen, gestorben war.

www.ingramcontent.com/pod-product-compliance
Lightning Source LLC
Chambersburg PA
CBHW032103300426
44116CB00007B/875